公開霊言

高橋是清・田中角栄・土光敏夫

景気回復法

大川隆法

Ryuho Okawa

本霊言は、2010年4月23日、幸福の科学総合本部にて、
質問者との対話形式で公開収録された。

まえがき

高橋是清、田中角栄、土光敏夫という政財界の大物三名の霊をお招きして、「国難《こくなん》の日本をいかにして救うか」をお訊《たず》ねした実録《じつろく》である。

面白いアイデアが続々出てきて、国難打破《だは》には、非常に有効だと思う。

私自身も、原稿校正をしていて内容が面白く、痛快《つうかい》の念を禁じえなかった。

それと同時に、悲観的《ひかんてき》になりすぎてはいけない、まだまだこの国は、リーダーさえしっかりしていれば、改革・前進可能だとの印象《いんしょう》を深めた。

この『景気回復法』が、国家救済《こっかきゅうさい》の一書《いっしょ》となることを心底《しんそこ》願ってやまない。

二〇一〇年　五月二十五日

幸福《こうふく》の科学《かがく》グループ創始者兼総裁《そうししゃけんそうさい》　大川隆法《おおかわりゅうほう》

景気回復法　目次

第2章　日本を新たに改造せよ

二〇一〇年四月二十三日　田中角栄《かくえい》の霊示

第3章　行政改革のために必要なこと

二〇一〇年四月二十三日　土光敏夫《どこうとしお》の霊示

第1章

日本経済復活への方策

二〇一〇年四月二十三日　高橋是清の霊示

高橋是清《たかはしこれきよ》（一八五四〜一九三六）

明治後期から昭和初期の政治家。日銀総裁や大蔵大臣などを歴任し、第20代内閣総理大臣となる。昭和初期の金融恐慌《きんゆうきょうこう》や昭和恐慌の際、蔵相として事態の沈静化《ちんせいか》に活躍《かつやく》した。その後、軍事予算の縮小を巡《めぐ》って軍部と対立し、「二・二六事件」で青年将校に暗殺された。

質問者

石川悦男《いしかわえつお》（幸福実現党党首）

一倉洋一《いちくらよういち》（宗教法人幸福の科学理事長）

［役職は収録時点のもの］

1　政財界で活躍《かつやく》した三名の霊人《れいじん》に訊《き》く

大川隆法　宗教が政治へ進出するに当たっては、「政治のプロではないのだろう。素人《しろうと》ではないのか」という意見もあり、壁《かべ》がかなり厚いようです。したがって、生前、政界や財界等で活躍《かつやく》された方々からの指導をいただき、実際の政治に通用するソフトを持って戦うべきではないかと思います。

そこで、今日、先ほど思いついたばかりなのですが、通常、当会の指導霊《しどうれい》としては出てきていないような方々をお呼びして、一種の学習会のようなかたちで、「天上界《てんじょうかい》の目から見て、今後の日本の政治経済等はどうあるべきか」についてアドバイスをいただき、勉強したいと考えます。

一人目として、高橋是清を呼んでみます。彼は、明治・大正・昭和初期に活躍し、波瀾万丈《はらんばんじょう》の人生を生きた方です。

少年時代に海外渡航《とこう》をし、いろいろな苦労をして帰国したのちは、実体経済を勉強して、日銀総裁や大蔵大臣を務め、首相にもなりました。その後、昭和恐慌《きょうこう》が起きたときに、大蔵大臣として再任され、恐慌に立ち向かいます。

彼は、その容貌《ようぼう》から「ダルマ蔵相」と呼ばれて親しまれていましたが、「ダルマさんが出てきたから大丈夫《だいじょうぶ》だ」という感じで、昭和恐慌を退治したのです。

二人目は、田中角栄《かくえい》です。先日、金丸信《かねまるしん》を呼びましたが（『民主党亡国論』〔幸福の科学出版刊〕所収）、金丸信と田中角栄は、やはり一対《いっつい》なので、この人も呼んでおいたほうがよいでしょう。

「今、田中角栄ならどうするか」ということは、現代の人たちが聴《き》きたいところでしょうし、彼の教え子である小沢一郎氏にとっても、何らかの教訓になる点があるのではないかと思います。

三人目は、土光敏夫《どこうとしお》です。この人も呼ぶのは初めてですが、中曽根《なかそね》内閣のころに活躍された方です。

彼は、昔の石川島播磨《はりま》重工業（現ＩＨＩ）の社長を務め、さらに、東芝の財政再建をした手腕《しゅわん》を買われて、経団連会長を務めました。そして、臨調《りんちょう》（第二次臨時行政調査会）の会長や行革審《ぎょうかくしん》（臨時行政改革推進審議会）の会長などを歴任され、行政改革を推進された方であるので、現在の国家財政に関して意見を言ってくださるのではないかと考えます。

今の私たちにとって、非常に大事なテーマについて語る資格のある方ではないかと思います。

今、この人の話が聴けるならば、誰《だれ》もが聴きたいことでしょう。

2　失業対策を打って景気を回復させよ

では、初めての方ではありますが、トライしたいと思います。

（一回、深呼吸をする）

元大蔵大臣にして、昭和恐慌《きょうこう》に立ち向かわれた高橋是清さん。

願わくば、われらをご指導ください。われらに、導きの光をお与《あた》えください。

高橋是清さん。

（約十五秒間の沈黙《ちんもく》）

宗教政党の真髄《しんずい》ここにあり

高橋是清　オホン、オホン。高橋是清です。

石川　高橋是清先生、おはようございます。

高橋是清　ああ、おはようございます。

石川　私は、幸福実現党党首の石川と申します。本日は、よろしくお願い申し上げます。

高橋是清　ああ、こちらもよろしくね。うん。

石川　今日、私は、高橋是清先生の第二十代内閣総理大臣のときのお写真を持参してまいりました。

高橋是清　うん、ありがとう。

石川　大変ふくよかで、慈愛《じあい》に満ちたまなざしをしておられ、当時の日本の国民は、先生のお顔を見て、さぞ安心したことだろうと思います。

高橋是清　うん。

石川　今日は、そのような先生に、質問させていただけますことを、本当に光栄に存じます。

高橋是清　まことに珍《めずら》しい試みだねえ。まあ、「宗教政党の真髄《しんずい》ここにあり」というところかなあ。ほかの政党では無理な相談だからねえ。こんなことはありえないことだからね。

私について、歴史としては学べても、「現代なら何をするか」ということは学べないわな。だから、これは、あなたがたに存在意義があるかどうかの試金石にもなるものだな。

石川　ありがとうございます。どうか、これを機縁《きえん》として、今後もご指導を賜《たまわ》りますよう、心よりお願い申し上げます。

高橋是清　いやあ、今日の霊言《れいげん》は、君が原因だからさ。

石川　ありがとうございます。

高橋是清　今朝の「フジサンケイビジネスアイ」に経済論を書いていたみたいじゃないか。大川総裁がそれを読まれて、急遽《きゅうきょ》、私が呼び出されることになったわけだ（会場笑）。経済について提言をするには、やはり、それなりの考え方を持っていなければできないじゃないか。な？

石川　はい、そのとおりでございます。

高橋是清　国家レベルで、どういう提言をするかということだが、君の今日のエッセイを読んで、私と田中角栄さんと土光さんが呼ばれることに、急遽、決まったということだ。非常にインパクトがあったんでね。

石川　ありがとうございます。

高橋是清　ああ。

鳩山《はとやま》首相の経済政策が不況《ふきょう》を起こす

石川　それでは、質問させていただきます。

先生は、大蔵大臣在任中に、世界恐慌によって混乱する日本経済に対して、日銀の国債《こくさい》引き受けによる政府支出の拡大など、あらゆる手段を総動員し、世界最速で、デフレからこの国を立ち直らせたという実績がございます。

高橋是清　うん、うん。

石川　現在、日本ではデフレが長引いております。「デフレがよいか、悪いか」という議論もありますが、デフレによって国民が苦しんでいることは事実です。

高橋是清　うん、うーん。

石川　このデフレで苦しむ日本経済を立ち直らせるために、もし先生が財政を任されたとしたら、どのような手を打たれるのか、ご指導を賜れれば大変ありがたく思います。

高橋是清　ある意味では、去年ないし、おととしの終わりぐらいに、「高橋是清の霊言」を出していたら、もっとインパクトがあったかもしらんなあ。

あのリーマン・ショックで、「百年に一度の世界大恐慌が起きるかもしれない」と言われていたときに出していたら、もっと効き目はあっただろうから、去年の幸福実現党の登場前に、一発、撃《う》ち込《こ》んでおいてもよかったかもしれないねえ。

まあ、私にお呼びがかかって当然かと思うな。うん。

ただね、昭和恐慌に比べて、今の状況《じょうきょう》を見るかぎりは、まあ、アラン・グリーンスパンが、ちょっと責任回避《かいひ》をしたのかなという感じはするね。「世界恐慌が起きる」というようなことを言って、少し大げさに騒《さわ》ぎすぎた感じはあるな。

まあ、実体経済そのものについては、各国とも、苦しんではいるけれども、みなそれなりに頑張《がんば》っているように思うし、日本だって、伸《の》び悩《なや》んだり潰《つぶ》れたりしているところもたくさん出てはいるけれども、昭和恐慌に比べれば、今のところ、まだ、そこまで弱っているようには思えないな。

それよりは、どちらかと言やあ、政治不信等で、将来の見通しが利《き》かないことのほうが大きい感じはするな。

だから、不況を起こすいちばんの原因は、やはり、ダム中止から始まった鳩山《はとやま》さんの経済政策だね。これが正しいかどうかということだね。彼が、公共投資型の財政出動をまず否定するところから始めたことや、アニメの殿堂《でんどう》等を否定したように、ソフト産業に対してあまり深い理解がないようなところかな。

そして、流れ的に見ると、本来なら緊縮《きんしゅく》財政に向かわなければいけないようなことを言いながら、まあ、ほかの人の意見もあるのだろうが、国債をいっぱい出すなどして、何だか怪《あや》しげな感じだな。また、「ばらまき」によって景気を良くし、減った税収を回復させようとしている。ま、そんなところでしょうかねえ。

うーん、しかし、全体に、信頼感《しんらいかん》がもう一つないみたいだねえ。

今、最優先すべきは「失業対策」

私だったら、どうするかなあ。うーん。

やはり、いちばんインパクトの大きいのは、失業対策だな。これは早急《さっきゅう》にできることであるのでね。

倒産《とうさん》する会社がたくさん出てきているし、今後も出るだろうから、失業対策事業というのは、やはり最優先に考えるべきだろうね。そうすれば、まずはパニックが収まるからね。

放っておくと、どんどん潰れていくよ。公共投資をやめたので、ゼネコン系が潰れるのはおかしくないんだけれども、それ以外のところも潰れてきたようだからねえ。

おとといだったか、英会話の学校で、大きいところがまた潰れるそうだな。ジオスとかいうところだろ？　そういう全国にチェーン店を持つ英会話学校が潰れるという話が出てきているが、こういうところが潰れるということは、国民が、今すぐ生活に必要なもの以外の支出をカットし始めていることを意味しているわな。

不要不急というか、今すぐ要《い》らないものについては、支出を絞《しぼ》り、財布《さいふ》のひもを締《し》めようとしているということだろうねえ。だから、こういうところが潰れていくんだ。

本来であれば、こちらのほうから潰れるというのは、ちょっと予想外のことなんですけどね。英会話事業のようなものが収縮していくということは、流れ的に見れば、国際性の萎《い》縮《しゅく》だろうし、それから、国内企《き》業《ぎょう》の海外進出や貿易への意欲が減退していくことを示《し》唆《さ》していると思われるね。

だから、「貿易で食べていく国」の未来が、不安になってきているということかな。まあ、「国内で、ちっちゃくまとまって生きていこうとしている」というところだなあ。

ただ、先ほど言ったように、今やらなければいけないことは、やはり、緊急の失業対策だと思うよ。失業者の受け皿をつくることが大事だ。CO_2削《さく》減《げん》とか、グリーン・ニューディールとか言っているけれども、そういうものが、すぐに失業対策になるようには、私には見えないね。

まず、人心の安定が大事だ。例えば、今年、失業率が急速にスーッと下がっていく感じが出てくれば、政権は安定してくるだろうと思うね。その信頼感がまずあって、その上で長期構想が出てくるものだと思う。

全国百四十三カ所のダムを中止したら、失業者というか、職にありつけない人がいっぱい出るだろうし、また、そういう公共事業を中止するのであれば、移民政策なども効かなくなるだろうと思うんだ。移民系の人たちというのは、まず、「労働力」として欲しがられるものだからね。

私も、留学先のアメリカで騙《だま》されて、奴隷《どれい》として農園主に売られたことがあるので、外国人労働者の気持ちはよく分かるよ。

でも、たとえ土方《どかた》としてツルハシを振《ふ》るっていても、日本に来て勉強したら、いいことはあるよ。母国に帰れば、私のように大蔵大臣か総理大臣になれる可能性もあるからなあ。

だから、発展途上国《とじょうこく》から、ぜひ日本に来てもらって、ダムでもトンネルでも、何でもいいからつくらせてあげたら、勉強になるし、箔《はく》が付くと思うなあ。

ま、いろいろな公共事業を中止したことにより、今後の失業対策にとってマイナスが出てくるだろうと思うよ。それから、次の移民政策に、影響《えいきょう》が必ず出てくるね。だから、雇用《こよう》が増やせるものは、基本的にはやめないほうがいいと思う。それから、空港も廃止《はいし》するとだいぶ言ってるんだろ？　こんなのも、雇用を減らす方向だよな。とにかく、「あれをやめる。これをやめる」ということをやっている。

ところが、政府がやめるとは言っていないのに、英会話学校が潰れてやめるようなことになってきているわけで、この流れで行くと、公立高校にお金のばらまきをすれば、今度は私学がいっぱい潰れていくはずだ。

要するに、お金がかかる学校が潰れていくわけだから、英会話学校が潰れるのなら、私学も潰れていくはずだね。

結局のところ、鉄筋コンクリートを使うハード産業も弱るけれども、ソフト産業のほうも弱ろうとしているように、私には見えるね。

その意味では、残念だけど、今の政府には、危機の本質が見えていないように思えるね。

今、増税の話をしている連中は政治家失格だ

政府が存在する理由というのはね、予想外の危機が来たときに国民を助けることにあるんだ。民間に任せておいて、それでどうにかなるのならば、私は政府など要らんと思うよ。そういう危機のときのために政府があるのであって、そのために国民は税金を払《はら》っているんじゃないか。

だから、民間だけで全部やれるんだったら、政府は要らないよ。リーマン・ショックのようなものが巡《めぐ》り巡って、不況が拡大してきたときに、やはり、それを止めるのが政府の基本的な仕事だな。

ところが、今、あれだろ？　政治家のなかには、財政赤字を理由に、増税を一《いっ》生懸命《しょうけんめい》に主張している人がだいぶいる。むしろ、こちらのほうが過半数なんじゃないか。彼らは、不況をもっと長期化させ、拡大させる連中だと思うな。

基本的に、彼らは分かっていないんじゃないか。経済も分かっていなければ、給料をもらって生活している人の気持ちも、基本的には、分かっていないんじゃないかな。

私は、君らが主張している、「未来産業をつくる」ということに賛成だよ。賛成だけれども、その効き目が出るまでに、ちょっと時間がかかりすぎる可能性が高いね。

だから、十年、二十年、三十年という、長い時間がかかるような、ちょうど君らの政党が大きくなるころの話だと思うけれども、現在ただいまにある危機は、下手をしたら、一年ぐらいで、あっという間に転落する可能性のある危機だから、私だったら鳩山さんの逆をやるね。

ものづくりで取り組めるものがあるならば、今は、もう何にでも取り組む。ダムにだって取り組むし、空港にだって取り組むし、それから、軍需《ぐんじゅ》産業が必要だというのなら、それにも取り組むし、造船業にでも、航空機産業にでも取り組む。今、ものづくりで取り組めるようなものがあるなら、すべて着手するね。

それと、公立学校を高校までただにするというのは、私学をどんどん潰していくことになる。これは、塾《じゅく》や予備校、私学を潰す〝作戦〟だよ。だから、そうした民間のほうが次々に倒産していくと思う。

つまり、「公務員が残る一方、民間産業のほうでは失業者がたくさん出る」というスタイルだから、とにかく「公務員だけは護《まも》る」ということのように見えるね。

したがって、私は、基本的に、「財政出動はやむなし」と思うね。

単年度で採算を取るっちゅうのは、ちょっと無理はあると思うけれども、まずは財政出動で景気を回復させなければいけない。「景気が回復したら税収が増える」という言い方もあるが、景気を回復させるためには、まず、失業対策を打つ必要がある。失業対策を打って景気を回復させ、そして、景気が〝巡航速度《じゅんこう》〟まで上がっていけば、そのあと、税収増も期待できるということだな。

だから、最初のメインターゲットは、「失業をなくすために事業を起こす」ということだ。政府が、緊急に失業対策に乗り出すことが大事であって、今は、財政再建や増税の話をするときではないと思うな。

そういうことを言っている人たちは、政治家失格だな。うん。

石川　私も、「景気回復なくして増税なし」と思っていましたが、今日の先生のアドバイスによって、まず、失業対策が大事だということが分かりました。

高橋是清　そうです。

石川　「緊急に、やれるものをやりなさい」というお話に、非常に感銘《かんめい》を受けました。幸福実現党も、この方向で進めていきたいと思います。

高橋是清　失業をまず減らしなさい。今の鳩山さんに任せたら、企業がバタバタバタッといっぱい潰れていくよ。そして、おそらく、彼ら民主党の支援《しえん》団体だけが生き残るようになるよ。学校の教員と郵便局の職員ぐらいが生き残るんじゃないか。これは危ないよ。

石川　はい。よく分かりました。

私からは以上とさせていただき、質問者を交替《こうたい》させていただきます。

高橋是清　うん。

3　日銀の使命は〝血液〟を流すこと

一倉　高橋先生、おはようございます。宗教法人幸福の科学理事長の一倉と申します。よろしくお願いいいたします。

高橋是清　うん。

一倉　私は、先生の後輩《こうはい》として、日銀マンを十数年間させていただきました。

高橋是清　いやあ、俺《おれ》とはだいぶ違《ちが》うんじゃないか。俺なんか学歴のない日銀総裁だからさあ。

一倉　いえいえ。

高橋是清　かつて、〝奴隷《どれい》〟出身の日銀総裁がいたということを、今の日本人は知らんだろうなあ。俺は奴隷で売られたんだぜ。

一倉　いやいや、先生……。

高橋是清　君とは違うよ。うん。

一倉　日銀旧館の赤い絨毯《じゅうたん》を踏《ふ》みしめて歩いていきますと、廊下《ろうか》に先生の立派な肖像《しょうぞう》が掛《か》かっております。日銀マンにとって、先生はまさに神でございます。

高橋是清　いちばん学歴の低いのが、いちばん偉《えら》い日銀総裁や大蔵大臣になっちゃって、なんだか申し訳ないなあ。

私の次に、田中角栄さんという、これまたすごい人が出てくるけど、この人は小学校卒の総理大臣かい？

一倉　はい。今日は、先生のような方と、お話しさせていただけますことを、光栄に存じます。

高橋是清　ああ、ああ。

日銀は二つの失敗で日本経済を破壊《はかい》した

一倉　先ほど、景気浮揚策《ふようさく》として、財政出動が必要であるというお話をいただきました。そのファイナンス（財源）につきましては、日銀が肚《はら》をくって赤字国債《こくさい》を引き受け、資金を供給すべきだと私は思うのですが、先生はどのようにお考えでしょうか。

高橋是清　日銀は、少なくとも二回は失敗したよな。

君が辞《や》めたくなるだけのことはあると思うけれども、九〇年代に、日銀は、あの「バブル潰《つぶ》し」で明らかに日本経済を破滅《はめつ》させたな。中央銀行が、「バブル潰し」と称《しょう》して、日本経済を破壊《はかい》し、国民の財産を奪《うば》ったわけで、共産主義政府みたいなことをやっちゃったね。
　これは、憲法から見ても間違っている。彼らは、憲法で私有財産が保障されていることを知らないいんじゃないか。「国有財産以外のものはない」と思っているんじゃないかねえ。

一倉　三重野《みえの》さんは変人でしたから。

高橋是清　そうだねえ。
　まあ、憲法では、私有財産は保障されることになっているんだろう？　それなのに、「国民は儲《もう》けすぎているから、私有財産をちょっと減らしてやろう」ということで、景気を潰しに入ったんだろう？　こんなことをするのは、経済界の独裁者じゃないかなあ。

一倉　あってはいけないことだと思います。

高橋是清　あってはいけないことだよ。国民がみな儲かるのならいいけれども、国民を貧乏《びんぼう》にする中央銀行総裁なんちゅうのは、いてもらっては困るんだ。そういう人は、宇宙人にでも連れ去ってもらわないといけないんだ（会場笑）。彼は長くやりすぎたよなあ。

それから、二〇〇〇年代には、緩《ゆる》やかな好景気が続いていたが、これも潰した。まあ、自称「インフレファイター」というのが日銀の自慢《じまん》だからね。小泉さんのころ、緩やかな好景気が、かつてないほど長く続いていたが、日銀は、この長すぎる好景気が怖《こわ》かったように見える。

九〇年代のバブル潰しのときもそうだよ。結局、八〇年代後半の好景気が怖かったんだと思う。株価が四万円近くまで上がってきたこと自体が怖かったんだろうし、アメリカ経済を追い抜《ぬ》きかねないような雰囲気《ふんいき》が怖かったと思うんだよな。それで景気を潰しに入ったわけだ。

二〇〇〇年代のときも、はっきりと名前は付かなかったけれども、緩やかな長期景気が続いていた。過去には、「岩戸《いわと》景気」や「いざなぎ景気」など、いろいろな好景気があったので、今回は「ＩＴ景気」と呼ぶべきだったのかもしれないけれども、何と名付けようかと考えていたころに、検察がホリエモンの逮捕《たいほ》に動き、日銀のほうも締《し》め上げをして、景気を潰しにかかったよな。

「民《たみ》が豊かになることは悪」という発想が根本《こんぽん》にある

ある意味で、検察や日銀には、基本的に、「民《たみ》が豊かになることは悪だ」という発想がある。その根本《こんぽん》にあるものは、やはり、社会主義的な考え方ではないかな。「中央銀行は、経済を全部統制できる」という考え自体が、実際には共産党政府とほとんど変わらないね。

しかし、中央銀行が統制できることと、できないことがある。中央銀行がやるべき仕事は、先ほど言ったように、民間ではできないことをすることだよな。民間では、とても対応できないような危機のときに、つまり、いざというときに対応するのが中央銀行の仕事だよ。

民間でやれるのなら、中央銀行の仕事はないよ。はっきり言って何もない。しかし、民間で太刀打《たちう》ちできないような緊急《きんきゅう》事態が起きたときに頼《たよ》れるのが、財務省であり、日銀だと思うんだよな。そういう出番のときに戦って勝てなければ、存在意義はないわなあ。

数年前、緩やかな景気回復軌道《きどう》にあったのに、ＩＴ系企業《きぎょう》の株価を暴落させたよね。ああいうIT企業は、銀行から見れば、要するに、担保というものを何ら持っていない者たちだよ。どうせレンタルのオフィスだろうし、パソコンを差し押《お》さえるぐらいしか、担保になるようなものはない。彼らの持っている担保は「成長率」のみだったと思うんだよ。未来性、将来性、その成長度、経済成長率のみが担保だったと思う。

これを「バブル」と認定して潰しに入ったことが、やはり、今の不況《ふきょう》の元凶《げんきょう》になっていると思うんだな。

ただ、その後、リーマン・ショックが起きたりしたため、また、そういうバブル潰し的なことが合理化される傾向《けいこう》が出てきているとは思うんだけどね。でも、これからの産業は、昔のように、「土地を担保にお金を貸す」とか、「工場を担保にお金を貸す」とかいう時代ではないと思うよ。

だから、基本的な考え方としては、ま、私が他人のことを言っちゃいけないかもしらんが、日銀総裁は、年を取った人がやってはいけないね。もうボケてくるから、もっと若くないと駄目《だめ》だ。

日銀総裁は実体経済を知らない人ばかり

一倉　経済を知らないんですよね。

高橋是清　そうなんだよ。まさしくそのとおりなんだ。数字や表だけを見て戯言《たわごと》を言うとるので、「おでんを売ったり、焼き鳥を売ったり、花見酒を売ったりしてから、日銀総裁をやりなさい」と言いたくなる。日銀総裁も、夏休みなどには、どこかのコンビニにでもアルバイトに出して、ちょっと店員でもやらせたほうがいいかもしらんねえ。

一倉　現日銀総裁の白川《しらかわ》氏も、エコノミスト畑の方なので、実際の経済は知らないだろうと思います。

高橋是清　まったく知らないんじゃないか。それこそ、本当に、小さなお店の経営さえできないんじゃないかな。

一倉　できないでしょうね。

高橋是清　ねえ。本当に、資本金一千万円の店の経営さえできない可能性が高いんじゃないかなあ。そういう人が、大きな数字を扱《あつか》う仕事になったらできると思ってるんだったら、基本的に間違いだよ。

白川という人は、学者系だろう？

一倉　そうです。

高橋是清　学者だろう？　うーん、やはり、私みたいに人生経験の豊富な人間が、今、日銀総裁に欲しいなあ。

まあ、行内の抵抗《ていこう》が激しいのは分かるが、何と言うか、自分で経営をやってきたような人を日銀総裁に据《す》えたら、実体経済がよく分かると思うなあ。

一倉　資本主義を知らない人ばかりで……。

高橋是清　そうなんだよ。そうなんだよ。

要するに、銀行の親玉である日銀の使命はね、最後は〝血液を流す〟ということなんだよ。体は筋肉で動いているんだけど、日銀は、〝筋肉〟でもないし、〝骨〟でもないんだよ。お金という名の〝血液〟を流しているだけなんだ。日銀や財務省というのは、血液を流す心臓の部分なんだよな。

だから、血液が流れて行かなかったら、体は死んでいくのさ。

それを勘違《かんちが》いして、自分たちを〝筋肉〟だと思ったら大間違いだ。実際に仕事をしているのは、間違いなく手足の筋肉のほうであって、自分たちは、ただ血液を送るのが仕事なんだよ。

先ほど、「企業の倒産《とうさん》が増えてくるから、失業対策が要《い》る」と言ったけれども、そういう「仕事をつくる」ということも大事だが、もう一つは、やはり、「体を張ってでも資金の供給をする」ということだな。

一倉　まったくそのとおりだと思います。

高橋是清　資金がなかったら企業は仕事ができないよ。

財界人は政府の「御用係《ごようがかり》」として取り込《こ》まれている

一倉　最近、私がショックを受けたことは、財界のなかに、増税に賛成の意見を持っている人たちが多いということです。

高橋是清　そのようだねえ。

一倉　これはどういうことなんでしょうか。

高橋是清　まあ、私のあとの人がどう言うか知らんけどさ。土光さんあたりから叱《しか》られるかもしらんけれども、まあ、わしのほうが先輩だからな。

財界が増税に賛成しているのは、彼らが、いろいろな委員などになって、政府に取り込《こ》まれているからだと思うね。要するに、政府の「御用係《ごようがかり》」のようになっていて、いろいろな委員として責任を振《ふ》られているんだよ。

政府のやり方は、ある意味でうまいと思う。「自分たちには分からないので、お知恵を拝借したい」という感じで財界人を巻き込み、「今の政府の財政の中身を見て、どう思うか」と尋《たず》ねるわけだ。それで、「これは、収入が少なくて大変だ。収入を増やさなければいけない」という気分にさせられているんだね。

財界の上のほうにいる人たちは、もう名誉心《めいよしん》しか残っていない。実際の仕事は下の人たちがやっているので、「勲何等《くんなんとう》をもらえるか」という名誉心だけが、最後の執着《しゅうちゃく》として残っているわけだ。

財界人に勲章を出すのは、だいたい財務省あたりが決めているので、彼らの名誉欲のところをうまく釣《つ》っているんだよ。

つまり、委員などに任命して、「勲一等か勲二等をもらうためには、政府に協力せよ」と、こう来るわけだな。それで、政府に協力させて、「政府の財政をどうにかしなければいけない」という声を財界のほうからも上げてもらう。すでに現場から離れているような上の人たちが、「政府の財政はひどい状態だから、増税しなければいけない」と言えば、下々《しもじも》の企業群も増税に賛成してくれるだろうということだ。

そういうことのために、首相官邸《かんてい》にはコックがいるんだよ。首相官邸に財界人たちを呼んで、パーティーや晩餐会《ばんさんかい》を開いてごちそうし、そして、増税に賛成させるわけだ。こういうことをやって、一生懸命《いっしょうけんめい》にオルグ（組織化）しておるというのが現実だな。
その意味では、財界の上のほうは、もう名誉心の塊《かたまり》になっていて、かなり、実体経済からは遊離《ゆうり》している状態だな。うん。

担保がなくても紙幣《しへい》や国債《こくさい》は発行できる

一倉　政府のほうにかなり洗脳されているということなのでしょうか。

高橋是清　まあ、そうだねえ。そのへんは、実にうまいと思うよ。官僚《かんりょう》のほうが上手に支配しているのかもしれないけどね。
確かに、日本の国債《こくさい》が紙切れになったり、日本の紙幣《しへい》が紙くずになったりする恐怖《きょうふ》というのは、ないわけではないと思うよ。

過去、そういうことは、いろいろな国で起きたことだ。戦争なんかやったあとには、国の信用がなくなって、紙幣が紙切れになるようなことはよく起きるんでね。その意味で、財界が、国債や紙幣の「紙切れ化」を恐《おそ》れているという面は、一部あるとは思うけどね。

ただ、発想の基本として、やはり、担保発想がかなり残っているんじゃないかねえ。「担保がなければ、紙幣なり国債なりを発行できない」と思っているんじゃないか。

しかし、担保という発想は、別に、そんなに昔からあるものではないからね。例えば、奈良《なら》時代に、東大寺の大仏を建立《こんりゅう》するため、国費の倍以上の予算を使ったと言うんだろう？　これは、どうやってできたんだい？　担保が必要だというのなら、おかしいじゃないか。ねえ。

政府には、そのために差し出すような担保は何もないよ。だけど、「大仏をつくったら、国が栄えるに違いない。仏のご加護があるに違いない」という情熱から、行基《ぎょうき》さんに頼んで、民間の労力と財力を両方集めながらやったんだろう。

そのように、宗教家の徳を使ったのは、政治家のほうの信用がないからだけどね。人気のある宗教家の徳を使って、資材など、さまざまなものを提供してもらって、国家予算の倍以上の大仏をつくることができたわけだ。

今、「国家予算の倍のものを建造する」と言ったら、それは大変なことだろう。当時は、何度も遷都《せんと》をしたが、今だって遷都をしようとしたら、すぐに十兆円以上の金が要るからね。

しかし、担保制度がない時代に、そういうことをしても、実際に国家は潰れていないよな。不思議だけど、潰れていないんだよ。

当時、貨幣があったかといえば、かすかにはあったかもしれないが、そんな大して流通はしていなかったよな。

海外からも資金を集めて「雪だるま」のようなファンドをつくれ

一倉　今、民間企業には、かなりキャッシュがあるようなので、「再生ファンド」のようなものをつくって景気を浮揚させるというのも、一つの考えですね。

高橋是清　そうそう。民間のほうには、まだ金があるからね。

まあ、だけど、これは勝負だね。そういうことを言うと、すぐ、「ハイパーインフレーションが起きて、紙幣が紙切れになる」などと言って脅《おど》し、恐怖をあおる人がいるからね。

ただ、それはどうだろうねえ。発展途上国《とじょうこく》とは違って、これだけの産業をつくってきた実績がある国だからね。そういう国の政府が、さらに国を発展させるために投資を起こそうとするんだから、民間が協力を求められて投資をしたぐらいで、国が潰れるとは思えないね。

一倉　そうしますと、「日銀には赤字国債の引き受けをしてもらい、民間では再生ファンドをつくって成長資金を供給する」ということでよろしいでしょうか。

高橋是清　そうそう。そうだね。そして、その夢を海外にも語って、海外からも資金を集めたほうがいいと思うね。

あなたがたには、「リニア新幹線構想」というのがあるんだろう？　リニア新幹線を日本中に敷《し》き、さらに海外のほうにも広げて、世界中にリニアを走らせるというんだろう？

サブプライムローンのような、ああいうもので騙《だま》せるぐらいだったら、「全世界リニア新幹線構想」で〝騙す〟ぐらい簡単じゃないか（会場笑）。「全世界にリニアを走らせたら、世界の国々が潤《うるお》って、経済発展するかもしれない」と……。

一倉　いえいえ、騙してはいません。

高橋是清　まあ、例えばの話さ。

　経済っていうのは、狸《たぬき》と一緒《いっしょ》でね。まあ、「木《こ》の葉を紙幣に変える術」というのが経済学なんだよ（会場笑）。

　だから、「全世界にリニアを走らせたら、世界の経済は今の十倍になりますよ」と、そのくらいの〝ほら〟を吹《ふ》かないといかんよ。ねえ？

「世界経済全体を十倍にすれば、今後の世界の人口増は、悠々《ゆうゆう》と支えることができます」「アフリカにリニアが走ったら、経済はもう十倍になりますよ」と。

ま、こうやって、先進国をはじめ、いろいろなところから、どんどんお金を引き出してきて、大きな雪だるまのようなファンドをつくらないといかんなあ。

4　私は経済系の神々の一人

一倉　最後に、一つ、教えていただきたいことがございます。

高橋是清先生は、本当に資本主義を体現したような方でいらっしゃいますが、天上界《てんじょうかい》では、どのようなことをなさっているのでしょうか。

高橋是清　私が天上界で何をしているかって？

うーん、天上界で何をしているかと言われると、そうだなあ、まあ、経済系の神様の一人かなあ、どちらかと言うとね。

まあ、松下幸之助《まつしたこうのすけ》さんのような感じで、いろいろなところを指導しているのさ。

一倉　過去の転生《てんしょう》について教えていただければ……。

高橋是清　過去の転生？　君、厳しいね。追及《ついきゅう》が厳しいじゃないか。ここはきついなあ（会場笑）。

過去には経済なんてなかったからね。そんなことを訊《き》かれて、もし卑《いや》しい過去《かこ》世《ぜ》が出てきたらどうするんだ、君。私の名声は一気に地に落ちてしまうじゃないか。

過去の経歴かあ。今、奈良《なら》時代の話をしただろう。何となく匂《にお》わないか？　プンプンプンと、何かちょっと匂ってこないかな？　だから、まあ、行基《ぎょうき》さんとは違《ちが》うけれども、その大仏造営をしたところに、政府系の人間の一人として関わった者です。はい。

一倉　本日は、長時間のご指導を賜《たまわ》りまして、ありがとうございました。

高橋是清　はい。

第2章

日本を新たに改造せよ

二〇一〇年四月二十三日　田中角栄の霊示

田中角栄《かくえい》（一九一八〜一九九三）

新潟県《にいがたけん》出身の政治家で、第64・65代内閣総理大臣（在任一九七二〜一九七四）。「日本列島改造論」を掲《かか》げ、五十四歳《さい》の若さで首相に就任し、「日中国交正常化」などを果たす。高等教育を受けていないにもかかわらず、首相に上り詰《つ》めたことから「今太閤《いまたいこう》」と呼ばれた。過去世《かこぜ》は戦国大名の斎藤道三《さいとうどうさん》。

質問者

林雅敏《はやしまさとし》（幸福実現党幹事長）

里村英一《さとむらえいいち》（「ザ・リバティ」編集長）

［役職は収録時点のもの］

1　〝平成版・日本列島改造論〟とは

大川隆法　では、次に、田中角栄《かくえい》元首相にお願いします。田中角栄元首相、田中角栄元首相、幸福の科学に降りたまいて、われらが幸福実現党の未来図や政治経済等について、何らかのご指導をいただきたく、お願い申し上げます。

田中角栄元首相、田中角栄元首相、願わくは、幸福実現党に関してのアドバイスをいただきたく、お願い申し上げます。

田中角栄　ヤッ、アー、アー、エッヘン。

林　田中角栄先生、ご指導をよろしくお願い申し上げます。

田中角栄　なんで、金丸《かねまる》を先に呼んだ？

林　申し訳ございません。順番が間違《まちが》っておりました。

田中角栄　順序が違ってるだろうが！

林　はい。

田中角栄　おまえ、わしを先に呼ばんでどうするか。

林　失礼いたしました。

田中角栄　そんな金丸より、わしが先だ。

林　はい。私《わたくし》は幸福実現党の幹事長をしております、林雅敏《はやしまさとし》と申します。

田中角栄　うん？　幹事長ってのは、まあ、君、偉《えら》いぞ（会場笑）。

林　いえ、私は偉くはないです。

田中角栄　ま、幹事長次第だよな。

林　すみません。よろしくお願いします。

田中角栄　政党っちゅうのはな、党首じゃないんだよ。幹事長なんだよ。幹事長が選挙を仕切るんだよ。幹事長の選挙が下手だったら、負けるんだよ。だから、君にかかってるんだよ。

林　分かりました。あの……。

田中角栄　君ができたら、もう政党なんか、いっくらでも大きくなるよ。

林　分かりました。民主党の幹事長につきましては、次の者が質問させていただきます。

田中角栄　ああ、そうか。うん。

林　はい。私のほうからは、「高度経済成長はどうあるべきか」ということについてお伺《うかが》いいたします。

今、日本は不況《ふきょう》で苦しんでいますが、日本には世界に冠《かん》たる技術があり、人材も豊富です。また、財政赤字と言われていますが、国民の資金は十分にあります。足りないのは、政治の世界における価値観であり、「日本はこうあるべきだ。このようになっていくべきだ」という未来ビジョンだと思います。

田中角栄先生は、ご生前、「日本列島改造論」を通して、日本の高度経済成長を成し遂《と》げられたわけですが、ぜひ、〝平成版・日本列島改造論〟というべきものをご教示いただければと思います。

東京を設計し直して「未来都市」をつくりたい

田中角栄　う一ん、まあ、わしが総理のとき、最初は人気があったけど、結局は、袋叩《ふくろだた》き状態で追い出されて、そのあとも、ずいぶんひどい目に遭《あ》ったけどさあ。ま、「日本列島改造論」で、総理の座を取りに行ったわけだけど、結果は改造されたんじゃないか。結果はどうだい？　日本列島は大改造されたんじゃないかねえ。ずいぶん変わったよ。

わしらは、「戦後の荒廃《こうはい》のなかから、日本を立て直す」っていうことを考えてたけど、「まだ、発想のスケールが小さかったなあ」と、今、とても反省してるんだよ。「なんで、東京はこんなにごみごみしてるんだ」っちゅうことを言われても、いや、ここまで人口が増えて発展するとは、ちょっと思わなかったということだね。

今、東京に住んでるのは、一千何百万人だろ？　一千万人を超《こ》えてるんだろ？　こんな大きな都市になるとは思わなかった。戦後の焼け野原を見て、それを発想する人はいなかった。もしかしたら、逆に没落《ぼつらく》して、百万都市だった江戸《えど》ぐらいまで縮んじゃうかとも思ったよ。みな、疎開《そかい》したまま帰って来ないんじゃないかと思うぐらいだったからねえ。未来の東京がこんなふうになるんだったら、都市計画をもっときっちりやりたかったな。

今、こんなにいろんなものが建ったあとに、地面を深く掘《ほ》って、地下鉄を通すようなことをしてるんで、実際、ものすごく金がかかってるよな。都市計画がしっかりしとれば、こんなことは必要がなかったんだが、上に建物がいっぱい建ったあとでは、土地が買えないからねえ。地面を深く掘って、地下鉄を張り巡《めぐ》らしたけど、実際は、そうとう予算を食ってるよな。だから、損してるような気はするねえ。

まあ、北朝鮮《きたちょうせん》が核《かく》ミサイルをつくってるっちゅうが、一発撃《う》って東京を焼いてくれたら、わしは東京を設計し直して、碁盤《ごばん》目状の京都みたいな感じの都市にしたいな。それで、道路をもっと広くして、高層ビル群ができるようにバシッと再構築したいので、金正日《キムジョンイル》に、「何発か撃ち込んでくれんかなあ」とも思ったよ。

特に地権にうるさく、頑固《がんこ》に立ち退《の》かないで頑張っとる共産党員や、汚《きたな》い家をいっぱい持って執着《しゅうちゃく》している創価学会系の連中のあたりに、ボコーンと落として焼き払《はら》ってくれたら、きれいになるんだがなあ。

もうほんとに、彼らが根を張ってて再開発ができないんだよ。そのへんのボロ家の私権がちょっと強すぎてね。本来、こういうものを取り上げられたら、もっとガーッと東京を再開発できて、もっと立派な未来都市がつくれるんだけどなあ。

人口の割にはできなくなっているね。

ま、今の沖縄《おきなわ》の基地問題も同じだけどさ。民家のなかに基地があると危険だから、基地に「出て行け」と言っているけど、もともとは基地ができてから、その周りに民家がいっぱいできたんじゃないか。それと同じようなことだよな。

「大都市を発展させる自由」を開花させせよ

東京は、そういう汚い民家みたいなものをちょっと取り払って、都市改造をしなきゃいけないね。

その他の都市もあるけど、まず中心は、東京・大阪・名古屋だな。このあたりで、まず大都市改造をやらないといけない。まあ、「未来都市をつくる」ということだな。

君は、〝平成版・日本列島改造論〟と言ってたけど、全部をやるのは無理としても、まず、「三つの大都市に新都市計画構想を打ち出して、改造する」ということであれば、これだけでもう、経済効果、景気回復効果はそうとうなもんだよ。

まあ、地方はそれほど大したことはないからね。「地方の百万都市が三百万都市になる」とかいうことは、そんなに急には起きはしないのでね。例えば、「お寺さんが見えなくなるから、高いビルを建てるな」とか騒《さわ》いでいる京都あたりの経済効果なんか、そんなに大きな影響《えいきょう》はないから、どうってことはない。

やっぱり、「東京・大阪・名古屋あたりは、徹底的《てっていてき》に、未来型都市に改造をしていく」ということがええな。これはやらないといかんと思うね。

そのためには、耐震性《たいしんせい》など、技術的な問題があるんで、それをしっかり頑張ってもらいたいね。「高いビルを建てたら、地震で壊《こわ》れるんじゃないか」というような声が必ず出てくるからな。

それで、今、都市のほうに左翼《さよく》が集まるんだよなあ。社会主義の社会党や……、社会党はもうないんか？「社会主義者や共産主義者みたいなのが都市部に集まってきて、農村部が保守層だ」っていうのは、ほんと困ったことなんだよ。まあ、農村のほうでできるのは、低いレベルの土木工事ぐらいしかないもんなあ。あと、農家や漁師の補償《ほしょう》ぐらいしか考えられないけど、都市部にはやることがたくさんあるよな。

だから、地下鉄を掘るのもいいけど、やっぱり、都市計画をもうちょっと練り直したいな。

そうだねえ、まあ、わしは宗教家じゃないから、さすがに「千年の都」と言うのは厳しいし、そこまではつくれないかもしらんけど、少なくとも、東京・大阪・名古屋が「三百年の都」として使えるぐらいの構想をつくりたいね。

まあ、あんたがたも、ある程度、見て回って、「これはひどいな」っていう所はいっぱいあるんじゃないの？　「これは私権の乱用というか、わがままに近い」とか、「こんなに土地の値段が高い所なのに、なんだい、これ？」とかいう建物がいっぱいあるんじゃないか。そんな人たちがわがままを言ってるから、都市計画ができないんだろ？　もっと開発しなきゃ駄目《だめ》だな。

それと、やっぱり、空だね。もちろん、屋上にヘリポートをつくれるぐらいのビルをたくさん建てるべきだね。いや、これはやらないといかん。中国に高層ビルがどんどん建ってるんだろう？　あー、負けちゃうじゃないか。完全に負けちゃうよ。ねえ。

これは、やっぱり、私権が強すぎるんだ。ま、あんたがたも自由を説いてるけれども、「個人の自由を護《まも》る」ということが、そういうふうな、「国家の発展を遅《おく》らせる」ということだけに使われたんではかなわないね。国家にだって発展の自由はあるんだから、「大都市を発展させる自由」を開花させないといかんと思うね。

東京にはこれから移民がいっぱい入ってくるよ。まあ、農村部にたくさん入っていったら、みな、怖《こわ》がっちゃって駄目だから、まず都市部に入ってくるだろうね。

だから、まずは、東京・大阪・名古屋の人口が、それぞれ倍になってもいけるぐらいの構想をつくるべきだと思うね。「東京は二千万都市になる」「名古屋は六百万都市になる」とかね。まあ、そんな感じかな。

日本の都市では、それはもう、ビルが貧弱だよ。今、どう見ても貧弱すぎる。だから、わしなら、まずビルの建設にかかるね。それで、おそらく、雇用《こよう》は何百万人も生まれると思うし、建てたものは残るからね。それが、全部、空中に消えてしまうわけではないんだよ。

例えば、発展したシンガポールなんかに比べたらどうかねえ。シンガポールなんかすごいビル群じゃないか。な? ちっちゃな島にたくさん建っているけど、次は日本でも、そうした国際都市、金融《きんゆう》都市のような未来都市をつくるべきだと、わしは思うね。うん。

2 「未来産業」は、どの分野が有効か

林　「都市開発」や「交通革命」とともに、「未来産業」も大事だと思いますが、日本の未来を支えていく産業ということになりますと、どの分野がいちばん有効でしょうか。

田中角栄　うーん、そうだねえ。今、都市部について言ったけれども、確かに、田舎《いなか》のほうでは、「産業が進出してこなくて困っている」っちゅうところもあるわなあ。だから、未来産業については、「地方の人口を増やして、雇用《こよう》を生む」ということを考えればいい。

そのためには、大企業《きぎょう》等が地方に新たに進出して工場をつくったりする場合には、大胆《だいたん》な税金優遇措置《ゆうぐうそち》を講じて、そういうものを誘致《ゆうち》したほうがいいと思うね。特に、物づくりをする企業を中心に、「地方に移転したら、大幅《おおはば》に税を優遇する」ということをやればいいと思う。

産業さえあれば、田舎の人口は増えるんだよ。だけど、産業がないと増えないんだよ。仕事がないので増えないんだね。

今、日本の産業は、流通業とサービス業のほうにずーっと移行してきたけど、流通・サービス業は人口が減ったら、もう直撃《ちょくげき》なんだ。分かる？　物を売ったり、買ったり、流通させたりすることで生活している人たちを増やしても、人口そのものが減ってきたら消費が落ちてくるからね。それだと、基本的に先がないのさ。「人口そのものを養うようにするには何が必要か」というと、やっぱり、無から有を生み出す努力だな。要するに、物づくりの付加価値がいちばん高いんだよ。

　だから、物づくりをしなければいけないので、今、言ったように、大企業を地方に誘致することが大事だ。法人税などを圧倒的《あっとうてき》に安くしていく減免《げんめん》措置を取れば、大きな工場を建てることができるし、地元の人たちを雇用できるし、その結果、物がつくれるようになる。

　やっぱり、物をつくることの付加価値は大きいな。物を流通させるだけとか、小売をするだけとかでは、そんなに付加価値は生まれない。ほんのちょっとの手数料しか生まれないよな。

　やっぱり、新たな物をつくっていくことだね。今ある企業でいいと思うんだよ。考えてるものはあると思うから、それをさらに、発展させればいいだけだよ。だから、物づくり系の産業は、全部、未来産業になるね。

林　ありがとうございました。

3　政治家に必要な「人の心のつかみ方」

林　もう一つ、質問させていただきます。
私は今、幹事長という立場で、選挙の責任者をやっておりまして……。

田中角栄　ああ、わしは選挙は得意だぜ。

林　はい。そこで、政治家に必要な「人の心のつかみ方」やファンづくりの方法、もっと突《つ》っ込《こ》んで言えば、票の取り方ということになりますが、このあたりのご指導をいただければと思います。

接触《せっしょく》面積を増やして顔と名前を覚えてもらうこと

田中角栄　君なあ、それは明らかなんだよ。人間は、自分に親切にしてくれた人には一票を入れるのさ。

あんたがたの弱点はね、やっぱり、坊《ぼう》さん的な動きをするところだよ。人から離《はな》れ、自分たちだけで集まって修行に励《はげ》んでしまうところが弱点なんだよな。これでは票が取れない。

まあ、戸別訪問もいいけど、普段《ふだん》から宗教団体として、もうちょっと、〝お遍《へん》路説法《ろせっぽう》〟をせんといかんのじゃないかねえ。やっぱり、もっと多くの人を知ってなきゃいけないね。

今回は、参議院議員の選挙かな？　ま、参議院議員、衆議院議員と選挙があるけども、少なくとも、五万人ぐらいの人には、候補者の顔と名前をバシッと覚えてもらわないといけないわけだ。

あんたが東京の街を歩いていて、「あれは、幹事長の林さんじゃないか」と言う人が何人いる？　ん？

林　ほとんどいないと思います。

田中角栄　だろ？　落選だよ（会場笑）。それだったらな。

だから、そういうことなんだよ。ちょっとでもいいから、会って会話したり、握手《あくしゅ》をしたりする。日頃《ひごろ》から、そういう汗《あせ》を流して、接触《せっしょく》面積を増やさなければ票は取れないわな。

あんたがたの特徴《とくちょう》は、まあ、頭はいいんだろうけど、人付き合いが悪いところだな。うん。これが負ける理由だと思う。難しいことを言ったり、本を売ったり、広告したりすることもいいんだけど、やっぱり、最後は「相手の人間性を信頼《しんらい》する」っちゅうことだ。

君らから見りゃあ、宗教的にはライバル政党に当たるかもしらんけどさ。例えば、公明党の人が訪ねてきて、「公明党の○○です」と言って握手をし、「何か困っていることはありませんか」というような声掛《こえが》けをされたとする。そうすると、いざ投票するときに迷ったら、やっぱり、入れちゃうよね。

それをやらなきゃいけないんだよ。五万人ぐらいには、顔と名前をピシッと覚えてもらわなければ、なかなか当選なんかするもんじゃないね。それは浮動票《ふどうひょう》なんかじゃないんだよ。ちゃんとコネが付いているのさ。生身の接触があるということが大事だな。

その意味では、若干、秀才《しゅうさい》っぽいところが、この教団の特徴で、どちらかと言えば、政治家よりも官僚《かんりょう》のほうに向いた気質を持っていると思うな。
だから、もうちょっと、泥臭《どろくさ》さがほしいところかなあ。

困っている人を助ける姿勢が大事

まあ、今日みたいに雨が降っている日にはね、そりゃあ、傘《かさ》がなくて困ってるような人を助けてやるのさ。そうしたら、必ず一票になっていくんだよ。

透明《とうめい》な五百円傘なんていっぱいあるだろ？ こんな日に、「幸福実現党」と書いた傘をターミナルに何百本も持っていって、「傘がないですか？ では、どうぞ使ってください」と言って、貸せばいいのさ。それで、「これは、どうやって返したらいいんですか？」と訊《き》かれたら、「街宣車が走っていたり、活動家がたくさんいたりしますから、どこかで会ったときにでも返してくだされば結構です」と言って、「幸福実現党」と書いた傘をパッと貸すのさ（会場笑）。

これから、六月の梅雨《つゆ》どきが来るよ。選挙は七月だろ？　狙《ねら》い目だよ（会場笑）。

だから、六月は傘がいるよ。そういう傘を用意しておいてだね、「はい、どうぞ。ただでお使いください」と言って、困っている人に差し上げるわけよ。そして、「天気が良くなって、どこかで幸福実現党の方を見つけたときにでも、お渡《わた》しくだされば結構です。何なら、ずっと持っていてくれても結構です」と言ったらいい。

「幸福実現党」と書いた傘を差して、宣伝してくださっているわけだから、大したもんだ。宣伝代として元は取れるので、別に構わないね。

こういうふうに、人が困っているときに、ちょっと助けに入る姿勢が、君、大事なんだよ。

青年部、学生部なんちゅうのが、都市部でビラをまいてるだけでは、そんなに票にならないからなあ。田植えにでも、ちょっと手伝いに行ったらどうだい？栃木県《とちぎけん》あたりじゃ、十分に効くぜ。まあ、あんまりへたくそで、役に立たないかもしれないけどねえ。たちまち泥んこになって、「お風呂《ふろ》を使わせてください」なんて言うて、まあ、大騒動《おおそうどう》になって駄目《だめ》かもしらん。

だから、基本は人との接触だね。それと、人が困っているときに、ちょっとずつ助けてあげることがないか、考えることだね。そんなに大きなものは要《い》らないんだよ。ささやかでいいから、いろいろと助けてあげることが大事だと思うな。

林　はい。ありがとうございました。

田中角栄　今のままだったら、どうしても数千票で止まってしまうと思うねえ。

だから、〝空中戦〟だけでは駄目だね。人というものは、心をいったんつかんだら離れないところがあるんだ。やはり、それをやらないと宗教政党としては駄目だね。

林　はい。分かりました。今、教えていただいた精神をしっかりと生かして頑張《がんば》ってまいります。

田中角栄　うん。頑張りなさいよ。
　君ねえ、梅雨どきを逃《のが》しちゃいけないよ（会場笑）。小さな親切を積み重ねるチャンスだよ。ほかにも、人が困ってることはいっぱいあるから、それを聴《き》いて回ればいいんであって、「私に入れてください」と言って、回る必要はないんだよ。「何か、困ってることはございませんか」と言って、聴いて回ればいいわけだ。器用に聴いて回れる人がいたら、そういう人は政治家に向いているね。

いろいろと困っている方がいたら、何でも聴けばいいんだよ。宗教っていうのは、いろんなネットワークがあるから、「お助けする」というようなことが大事だよね。ええ。

ま、そういうことを心がけたら、よろしいかと思うね。うん。

林　はい。ありがとうございました。
では、質問者を交替《こうたい》させていただきます。

4　かつての弟子《でし》・小沢一郎について語る

里村　田中先生、本日は、まことにありがとうございます。私は、月刊「ザ・リバティ」（幸福の科学出版刊）編集長の里村と申します。私、新潟県《にいがたけん》の出身でございます。

田中角栄　ああ、それはええなあ！

里村　本当に、田中先生の大ファンでございまして……。

田中角栄　そうだろう、そうだろう。

里村　私が小学生のときに、田中先生が首相に就任され、新潟市で花火が上がったことを覚えております。

田中角栄　ああ、それはええなあ。

里村　私の実家はもともと建設業をやっておりまして、田中先生のおかげで、オイルショックが起きるまでは裕福《ゆうふく》な生活をさせていただきました（会場笑）。田中先生、本当にありがとうございました。

その後のロッキード事件が本当に腹立たしくて、田中先生は五億円ぐらいもらって当然であると……。

田中角栄　君もそう思うか？

里村　はい。

田中角栄　わしもそう思うわ。

里村　当然でございます。

田中角栄　日本への貢献度《こうけんど》から見たら、わしの給料は安すぎるわねえ。

里村　ええ。

田中角栄　だから、そらぁ、ちょっとぐらい裏金をもらわんと割に合わんねえ。あれは、裏金じゃなくて、チップだよ、君。やはり、チップは必要だよな。総理だって出来はいろいろあるからな。

ま、出来の悪い人には出す必要はない。出来のいい人にはチップをよこさないといかんと思うよな。

里村　はい、そう思います。私は、今でも田中先生をたいへん尊敬申し上げております。

ところが、今、日本の政界においては、田中先生の愛弟子《まなでし》と言われた、民主党の小沢幹事長が「闇将軍《やみしょうぐん》」などと言われて実権を振《ふ》るい、いろいろと問題を起こしています。

そこで、小沢幹事長について、田中先生であればこそご存じのエピソードとともに、ぜひ、一言、お言葉をいただければ幸いです。

「恐怖《きょうふ》で人を支配できる」と思っている小沢一郎

田中角栄　うーん、「いっちゃん」は、わしの亡くなった長男の代わりにかわいがってたんだがなあ。ちょうど年が同じぐらいであったので、子供の代わりに育てているつもりではいたんだけども、うーん、なんか評判が悪いなあ。
やっぱり、総理になる前に、あんなに評判が悪いといかんわなあ。総理になってからあとは、みな、評判が悪くなるから、そりゃ、しょうがないんだけど、なる前なのに評判が悪すぎるな。今から「闇将軍」じゃ、もうどうしようもないじゃないか。

まあ、どちらかと言うと、策士の面がちょっと強く出すぎていて、嫌《きら》われ者になっとるんじゃないかねえ。やはり、この二十年を見るかぎりは、政治を混乱させた張本人なんじゃないかなあ。いろんな新党をつくったり、壊《こわ》したりする「壊し屋」だよな。つくっては壊し、つくっては壊ししている。

何だろうねえ、あの感じは。もう、君らも思い出せないだろう。いろんなところに入っては権力を振るい、捨てて、次のところに行っているからな。

あれって、何だろうねえ。一人の女に満足できない男みたいな感じかなあ。満足できないんだろうねえ。次から次へと、渡《わた》り歩いているような感じに見えるな。いや、わしのことでもあるわな（会場笑）。

いやあ、今の人気では厳しいな。やっぱり、何か欠けてるね。「何が欠けているか」って言うと、人心掌握術《しょうあくじゅつ》に欠けてるところがあるね。要するに、マキャベリズムだ。「恐怖で人を支配できる」と思っているところがあるんじゃないかなあ。これが嫌われている原因だよな。

少なくとも、アメとムチの両方はいるわな。ムチだけでは無理で、アメも要《い》ると思う。やっぱり、アメとムチのムチのほうというか、恐怖で支配しようとしているところが多いんじゃないかな。これでは、あまり好かれないだろうね。

まあ、首相を一回ぐらいは目指そうとするかもしらんが、不幸な結果になるだろうねえ。残念だけど、首相を目指す前に、悪業《あくごう》がちょっと多すぎるからなあ。

この人のやり方には、みな、ほんとは飽《あ》きてしまってると思うんだ。そして、「どうせやるなら、ヒトラーみたいな悪さをしてほしい」というような、悪役プロレスラーみたいなものを期待する感じが一部の人々にあると思う。

だから、「もっと悪いことをすれば期待される」という誘惑《ゆうわく》にかられていると思うね。「悪役待望論みたいなものが起きないか」という誘惑にかられている。

この人は、それ以外に生き筋が見つからないんだよ。善玉として成功する生き筋が、ちょっと見当たらない感じかなあ。

小沢一郎は「秀才《しゅうさい》コンプレックス」

里村　田中先生の下《もと》で弟子をしていたときから、そういう方だったのでしょうか。

田中角栄　いや、若い頃《ころ》は、あんなんじゃないよ。若い頃は、やっぱり青年らしくて、いやあ、それは、君、一生懸命《いっしょうけんめい》、雑巾《ぞうきん》掛《が》けをしてたよ。わしとか、金丸のおっさんとかの使い走りみたいなもんだよな。「おい、酒買ってこい」「タバコ買ってこい」みたいな感じの使い走りだな。「ほら、灰皿、片付けろ」とか、そんなとこかなあ。

まあ、雑用をする書生から始めているよ。だから、「次の政権構想をどうするか」といった政談に入れるような偉《えら》い立場には、とてもなかったな。そういう、たたき上げから入っているわな。

金丸のおっさんとかにかわいがられて、幹事長にしてもらい、「総理はどうだ？」っていうようなことを言われて、「若すぎる」とか言うて逃《に》げたが最後、そのあと二十年も総理になるチャンスがなかった。その間に、いろんな政党をつくったり、潰《つぶ》したりして、渡り歩くような感じで、なんだか、迷って堂々巡《めぐ》りしているように、わしには見えるな。

この人には、「直線的に勝負をかけるべきときに、勝負をかけられない」という不思議なところがあるんだ。その原因は、劣等感《れっとうかん》だと思うな。一種の劣等感を持っている。

要するに、自信がないんだと思う。もう一歩のところで逃げるのは、はっきり言えば、総理になる自信がないからだと思うんだよ。この劣等感の部分が、迂回《うかい》させてしまう。それで、チャンスを取り逃がして、また次のことをゴソゴソゴソと始める。

こうした、器用貧乏《びんぼう》をする原点は、おそらく、秀才《しゅうさい》コンプレックスだろう。きっと、そうだと思うな。

里村　弁護士になりたかったのに、司法試験を何回も受けてもなれなかったという……。

田中角栄　司法試験よりも、もっと前なんじゃないか。希望した中学に入れなかったあたりから始まってるんじゃないかな。中学受験、大学受験、司法試験の三つぐらい失敗して、苦しんどるからね。

だから、毛並みのいい秀才みたいな官僚《かんりょう》や政治家に対して、すごいアレルギーというか、劣等感があるので、彼らを押《お》さえ込《こ》むのに、「剛腕《ごうわん》」「強面《こわもて》」で脅《おど》しをかけているというところだな。

宗教政党の強みを生かし、正々堂々と戦え

わしほど学歴がなきゃ、ある意味でのあきらめもあるがな。高等小学校卒で総理大臣というのは、目茶苦茶ではあったけれども、まあ、うまく行きゃあ、松下《まつした》幸之助《こうのすけ》みたいになれるんだよ。

松下さんは小学校四年で中退だから、わしより偉いよ。わしは〝高学歴〟で高等小学校まで行ったからね。まあ、小学校プラス二年ぐらい行っとるからな。

今の人は、高等小学校と言うても分からんかもしらんが、小学校から旧制中学に入るのはエリートなんだよ。旧制中学にスーッと入れないやつが、高等小学校

っちゅうのに入って、二年間〝猶予《ゆうよ》〟されて、その間、勉強の継《つ》ぎ足しをして中学受験をする。まあ、ちょっとした〝迂回予備校〟みたいな感じのものが高等小学校なんだよな。まあ、そのぐらいの経歴で、あとは土建屋だからな。

最初は、「今太閤《いまたいこう》」としてすごく持ち上げられたが、そのあとは、日本のインテリさんたちから、「成り上がりもんが」っちゅうことで、いじめられ放題だよ。

まあ、一つには時期が悪かったな。オイルショックがあってインフレが起き、トイレットペーパーが手に入らなくて主婦が大パニックを起こしたりするようなこともあった。ちょっと、わしだけの問題でないものも、タイミング的にあったとは思うがな。

それと、「『日本列島改造論』で地価が上がって、物価インフレが起きた」っちゅうことかな。物不足とインフレで退陣《たいじん》をしたね。

さらに、「あいつは金に卑《いや》しい男だ」というようなことで責められた。「金で票を買って、票数で政権を取る」というようなやり方が、東大型の首相から見りゃあ、「金に卑しい」っていうことだろうし、まあ、東大じゃないが、政敵の三木《みき》武夫《たけお》みたいな「クリーン」を標榜《ひょうぼう》するやつにだいぶ責められたね。

まあ、そのへんは小沢も知っていて、鳩山《はとやま》をクリーンに見せて、うまく操縦しようとしたんだろうが、今、両方ともダーティになってきたな。

だから、わしが責められたのは成り上がり者で、金の力を知りすぎていたからだと思う。

しかし、今でも政治には金が要るわな。舛添《ますぞえ》君みたいな秀才であろうとも、やっぱり、金がない者は、そうは言ったって、簡単に天下は取れないよ。これが難しいところなんだよなあ。自分で金をつくってたら、天下を取るのが遅《おそ》くなるんでなあ。

このように、民主主義とお金の関係はなかなか難しい問題ではある。やっぱり、金がないと選挙はできないし、子分を養えないからなあ。

まあ、そういう意味では、あんたがたにもチャンスはあるよ。小党分立しても、そのあと、どうせ、長続きしやしないからね。

やっぱり、宗教政党っていうのは、資金や人脈等の魅力《みりょく》がかなり大きいよね。あと、固定票みたいなものがあるから、幸福の科学がもうちょっと外向きに伝道できるような教団となって、〝選挙遺伝子〟が出来上がれば、そこそこ戦えるところまではいくと思うよ。

あんたがたのライバルか？　創価学会、公明党をつくった池田大作なんて、わしとええ勝負のダーティ男で、表に出て来られないような悪いことを、裏でいっぱいしてるからなあ。

まあ、金にまつわる話は、そうとうあるだろうから、表に出られるような人ではない。表に出たらわしみたいになるのは、もう明らかだから、裏から糸を引いてやっとる。

ま、あんたがたは、もっと正々堂々とやれる素地はあるんじゃないかと思うがなあ。うん。

5　中国との外交は、どうあるべきか

里村　田中先生に、もう一点、お伺《うかが》いします。

田中先生の功績の一つは、やはり、「米ソ冷戦時代に、日中の国交樹立を果たした」ということだと思います。そのおかげで、パンダが日本に来て、大変な人気が出たりもしました。そして、国交樹立以来、中国は発展し、特に二〇〇〇年代に入ってから、想像を超《こ》えるスピードで大きくなっています。

政治経済の天才であると同時に、外交の天才でもあられた田中先生であれば、そうした中国に対して、どのような外交方針で対処されますでしょうか。

日本は世界経済を大きくする牽引車《けんいんしゃ》となれ

田中角栄　まあ、君ぃ、人の心をつかむのがなかなかうまいじゃないか。わしを「外交の天才」と言ってくれる人はあまりいないんだけどなあ（笑）。実を言うと、わしは、英語もしゃべれんからな。

里村　とんでもないです。日米繊維摩擦《せんいまさつ》も、あっという間に解決されて……。

田中角栄　外交の天才って、君、いいほめ言葉を知ってるね。おお、それじゃあ、君、女を口説くのがうまいだろう？

里村　いいえ、とんでもないです（会場笑）。そちらのほうは、まったくでございます（笑）。

田中角栄　ええ？　ああ？　もてるんじゃないか。

里村　いいえ、まったくです。

田中角栄　女なんてツボを攻《せ》めたらいちころだ。こう、ぐうぐうっとね。ほめ言葉をずうっと待ってるから、ほかの人が使わないほめ言葉をクックッと言ったら、女性なんかクラクラクラッとなるよ。

里村　いやあ、とんでもないです。そんなことは……。

田中角栄　君に外交の天才と言われたから、わしはもうクラクラッと来たよ（会場笑）。もう、「君、総理大臣になれ」と言いたくなってくるよ。ちょっと誘惑《ゆうわく》にかられるけど、まあ、そういう危険なことは言わないようにするけどね。

外交ねえ。うーん、まあ、中国は確かにすごい勢いだよな。今、確かに鼻息は荒《あら》いが、ライバルが出てくると思うよ。そうは言ったって、インドやロシア、ブラジルなど、新しいライバルが出てくると思うので、あんたがたが考えているほど、中国の脅威《きょうい》とか、圧力とかが、未来永劫《えいごう》、強くなり続けるとは、わしは思わないね。やっぱり、ほかのところがのし上がってくると思うよ。うん。

その意味では、日本がそのへんの国々を上手に競争させる音頭取りをやれば、それなりのリーダーシップはとれるんじゃないかねえ。

だから、中国を仮想敵国にして、あんまり刺激《しげき》することは得策ではなく、問題があると思うな。中国やロシア、インド、ブラジル等が、次のライバル同士になるように引っ張ってあげる必要があるし、ベトナム等の経済も発展させる必要があるしね。

まあ、そういう意味で、日本が上手にそのあたりを育て上げていって、世界経済自体を大きくする牽引車《けんいんしゃ》になっていけばいい。そうした人口の多い国が発展していけば、先進国は物を売る先ができてくるからね。まあ、インドネシアなんかも、そうやって発展させていけばいいね。

先進国は、もう、目いっぱい、物を買っているんだよ。だから、これ以上は、なかなか買ってはくれないので、そういう国がお金を持つことによって物を買うようになるのは、実にいいことだと思うね。

“免許更新制《めんきょこうしんせい》の日本人”をつくってもよい

それから、日本には、移民とか、外国人の旅行者とかいろいろいるけど、やっぱり、外国人にとって住みにくいところや、差別的なところ等については、まだまだ、改善の余地がある。

今、日本のマスコミや警察は、「中国人を見りゃあ、泥棒《どろぼう》と思え」っちゅうな感じだよなあ。それだと、「日本に、何か盗《ぬす》みに来たんだろ？」って、みな、思っちゃうよな。そんな報道しかないものね。日本でいいことをしている中国人の報道なんて、何もないじゃないか。なあ。政治では表立って、中国を批判できないくせに、日本に来て頑張《がんば》っている中国人についての、ちゃんとした報道はほとんどないよな。

そういう点で、外国人にとって、日本はあまり住み良い国とは思えないね。やっぱり、日本には純血主義や同質主義、平等主義、鎖国《さこく》主義など、いろんなものが残っておるわなあ。

これから、「外国人に選挙権を与《あた》えるか」とか、「国籍《こくせき》をどうするか」とか、いろいろと問題は多発すると思うんだけど、わしは自動車免許《めんきょ》の更新《こうしん》みたいな感じでもいいと思うんだよ。例えば、「免許を与えて、五年間だけ日本人にする」というような感じでな。

ある程度、信用できる外国人の場合、〝五年間の日本人免許〟を出して、更新していくわけさ。その間に、犯罪など、いろんな問題を起こしたやつは更新できなくなっていく。まあ、そのようなものがあってもいいんじゃないか。

日本に生まれただけで、日本人になれるんだろ？　その中身は問わないんだろ？　犯罪者だって、日本人なんだろ？　それよりましな外国人は、現実に、たくさんいるさ。

「日本に長くいる外国人に選挙権を与えるべきだ」とか、逆に、右翼《うよく》などは「与えるな」とか、いろいろ言ってるけれども、わしは、妥協《だきょう》の産物かもしらんが、そういう〝免許更新制の日本人〟をつくってもいいんじゃないかと思うんだよ。一定の年数、日本に住み、経済活動をして信用があるような人は、日本人にしてしまってもいい。

例えば、五年間は日本人にしてやる。その間は、当然、選挙権もある。税金を払《はら》わされているはずだから、選挙権はあってもいいよ。その代わり、〝免許更新制〟で五年間だけだ。国籍を取るには、当然、もう一段のハードルが要《い》るとは思うけどね。

そういうふうに、五年間で更新だけど、「日本人になれる」というチャンスが開かれたら、もうちょっと、いろんな国から日本に来るようになるだろうし、また、日本人も、「彼らが住みやすいように国を変えていかなきゃいけない」と思うようになるよね。

やっぱり、外国人をフェアに扱《あつか》ってやらないといけないいな。「外国人が地方議員になれるか。国会議員になれるか」っていう障壁《しょうへき》もあるけど、日本の企業《きぎょう》では、外国人が幹部になっていくチャンスがほとんどないだろ？　まあ、カルロス・ゴーンみたいな者が企業の再建のために、外から〝天下り風〟に来るのは多少あるけど、外国人が、最初から日本の会社に入って出世するようなことはなかなかないだろ？

そういう意味では、日本社会全体が閉鎖的すぎるよ。これは変えなきゃいけないね。

あんたらの「三億人国家構想」という政策は、ちょっと無理を言うとると、わしは思うな。だけど、このままでいくと、人口は三千万人ぐらい目減りするだろうから、日本人と移民の増加を両方合わせて、少なくとも「一億五千万人国家」ぐらいのところを当座の目標にし、経済力を落とさずに発展させていく努力は必要だ。

そのためには、先ほど言った、大都市の二倍化が必要だな。

さらに、税の優遇《ゆうぐう》をして地方への工場誘致《ゆうち》等を増やし、地方にも、産業を起こしていくことだね。そうやって、雇用《こよう》チャンスを広げることが大事だよ。

だから、「派遣《はけん》切《ぎ》りだ、なんだ」と言って、けちな話ばっかりしているが、そんなのは、もうやめたほうがいいんじゃないか。

また、「教員免許の更新をするか、しないか」みたいなことで揉《も》めているが、「永久に免許を持っていたら、中身が悪くなる」って言うんだったら、日本人も同じだ。「日本に生まれたら、ずっと日本人だ」っていうことだと、日本人の中身を悪くするよ。

だから、出来の悪い日本人は、ほんとは、日本国籍を剝奪《はくだつ》してもいいぐらいだと思うね。「日本に生まれた」とか、「父親が日本人だ」とか、こんな属地主義、血統主義でいくのはどうかねえ。

外国人だって、別に日本人になりたければ、日本人になってもいいんじゃないか。そうしないと、国が富まないと思うね。

里村　はい。

田中角栄　世界一の大国っていうのは、たいてい、国際化するのが普通《ふつう》だろう？　わしはそう思うし、外国人の発想をもっと入れてもいいんじゃないかと思う。国の政治や経済、いろんな企業等で外国人の発想をもっと入れていいんじゃないかねえ。

里村　はい。分かりました。今日は、大胆《だいたん》なアイデアをたくさんいただきました。

田中角栄　うん。

里村　田中先生、本当にありがとうございました。

田中角栄　はい。

第3章

行政改革のために必要なこと

二〇一〇年四月二十三日　土光敏夫の霊示

土光敏夫《どこうとしお》（一八九六～一九八八）

昭和時代の実業家。戦後、石川島播磨《はりま》重工業（現ＩＨＩ）、東京芝浦《しばうら》電気（現東芝）の社長を歴任。徹底《てってい》した合理化により、いずれも経営再建を成功させた。第四代経団連会長ののち、第二次臨時行政調査会の会長を務め、「国鉄、電電公社、専売公社の民営化」などを推進した。

質問者

中家康之《なかいえやすゆき》（宗教法人幸福の科学広報局長）

綾織次郎《あやおりじろう》（幸福実現党政調会長代理）

［役職は収録時点のもの］

1　民主党に事業仕分けの資格はあるのか

大川隆法　それでは、元経団連会長にして、行革を推進された土光敏夫《どこうとしお》さんを招《しょう》霊《れい》したいと思います。

土光敏夫さん、どうか、幸福の科学においでいただき、幸福実現党が、日本の国において正しい政治を行えるように、アドバイスをくだされば幸いです。

土光敏夫さん、われらに、アドバイスを降ろしてください。土光敏夫さん、お願いいたします。

（約十五秒間の沈黙《ちんもく》）

土光敏夫　土光だが。

中家　土光先生、本日は、ご降臨まことにありがとうございます。私は、幸福の科学広報局の中家と申します。

土光敏夫　うん。

中家　私は、若い頃《ころ》、土光先生のＮＨＫ特集を見て、非常に感銘《かんめい》を受けたことを覚えております。

土光敏夫　メザシか？

中家　ええ（笑）。

土光敏夫　ハッ、困るなあ。「メザシの土光」で、もう、こればっかりだよ、ほんとに、もう。あの世まで行って、メザシのことを言われるか。

中家　ただ、そのときは、信仰心《しんこうしん》の篤《あつ》い姿にも、非常に感銘を受けました。

土光敏夫　そうだなあ。信仰心はあったからな。

中家　はい。今、民主党政権は、事業の仕分けをしております。

土光敏夫　うん。うん。

中家　無駄《むだ》な事業の見直しをする一方、郵政をせっかく民営化したのに、元の国営に戻すような動きもしております。

土光敏夫　うーん。

中家　このような、今の民主党政権の動きをご覧になって、臨調《りんちょう》（第二次臨時行政調査会）会長であった土光先生が、「もし、〝平成の土光臨調〟を起こすとするならば、どのように世直しをされるか」ということをお伺《うかが》いしたいと思います。

事業仕分けは〝見せ物〟にせず、もっと腰《こし》を入れてやれ

土光敏夫　うーん。まあ、「事業の仕分けをして、無駄な税金を使っているところを洗い出そう」という試み自体はいいと思うよ。民主党が評価されるとしたら、もう、ほぼ、この一点しかないんじゃないかな。

まあ、自民党のときは甘《あま》かったので、「税金を無駄に使っていないかどうか」を確認しようとしたことは、いちおう、国民も望むところだと思う。

もちろん、わしらも、「行革」で、だいぶやったけれども、結果はご覧の通りであるので、成功したとは言えないかもしれない。

無駄を洗い出すこと自体は大事だけれども、ただ、民主党に言いたいことがある。それを単なるパフォーマンスというか、国民に対する見せ物にして、票を稼《かせ》

ぐためだけのものにしないことだな。

要するに、「今までの政府や官僚《かんりょう》が悪いことをしていたのを、われらが暴《あば》いたのだ」というような感じかな。うーん（舌打ち）、時代劇みたいな感じかな。そんなふうにならないようにしたいところだな。もう少し、腰を入れてやらないといけない。

事業仕分けが必要なら、「会計検査院」は廃止《はいし》すべき

しかし、事業仕分けをしている一方で、首相なり幹事長なりが、「お金の問題で不透明《ふとうめい》なところがある」と言われて、責められているんだろ？　これは、やっぱり、厳しいな。

人に対して厳しいことを言えば、当然、自分に対しても返ってくるからな。

「自分たちは、不正な金を使い放題なのに、他人に対して、不正な使い方をしていないかをチェックする」というのは、君ねえ、世間は認めないよ。

それと、やっぱり、どうかねえ？　本当に、ああいうことが必要なら、「会計検査院」そのものが要《い》らないね。そうじゃないか。会計検査院を廃止《はいし》しなければいけないよ。

会計検査院は、そういう無駄遣《づか》いをチェックするためにあるんじゃないのか。どうだ？　そうだよな？

「民主党が、自分たちで本当にやる」というんだったら、会計検査院そのものが無駄だから、廃止しなければいけないね。

そうでなければ、「ちゃんと仕事をしなさい」と、会計検査院を叱《しか》らなければならない。それこそ会計検査院にノルマを課して、「〇兆円が今年のノルマだ。予算の無駄遣いを見つけ出せ」というように言えば、政治の仕事としては、終わっていると思うんだよな。

自分たちでは数千億円ぐらいしか見つけられなかった。その程度であれば、会計検査院なら簡単に見つけられるだろうよ。

だから、「今年の目標は○兆円」と掲《かか》げ、「会計検査院よ、不正な支出、あるいは、無駄な支出を、これだけ見つけ出しなさい」と命令を出して、「ノルマが達成できなければ、会計検査院は解散させるか、予算を削《けず》るぞ」という脅《おど》しをかけたら、必死になって無駄を探し始める。

だって、彼らは専門職なんだからね。プロでずっとやっとるんだろ？　あちらのほうがよく知ってるよ。財務省に接待されて、見逃《のが》してるはずなんだ。なあ。

やはり、無駄遣いのチェックは、基本的に会計検査院の仕事だと思うよ。「それを越《こ》えてやる」というんだったら、行革や臨調のように、民間から、利害のない者を募《つの》って、バシッとやったらいいよな。

そのあたりのところを、今の政治家がやることについては、やや、倫理《りんり》に欠けているものを感じる。やはり、トップ次第だと思うね。今の鳩山《はとやま》、小沢では資格がないんじゃないかな。やる資格がないと、わしは思う。

2 私なら、「郵政」はこう改革する

中家　ありがとうございます。あと、郵政についてお伺《うかが》いします。

土光敏夫　はあ。

中家　国鉄の民営化は大成功だったと思いますが、郵政の民営化については、どのようにお考えでしょうか。

土光敏夫　まあ、失業対策もあるので、言うのは難しいけれども……。

うーん、コンビニに雇《やと》ってもらったほうがいいんじゃないか。コンビニに郵便事業をやってもらって、配達員として雇ってもらうとかな。

あるいは、コンビニも、金融業《きんゆうぎょう》をだいぶ始めているから、コンビニの金融業務員として雇ってもらう。あとは、宅配便とも提携《ていけい》する。そのように、宅配便とコンビニに吸収してもらったほうが、よろしいのではないだろうか。

郵貯は財政投融資の原資になっていて、もう一つの〝隠《かく》れた予算〟になっている部分が旨《うま》みだったところもあるんだけれども……。

うーん、ただ、コンビニがあれだけのチェーン店を持てば、次に、金融業務を強化してくることは、ほぼ、見えているし、今、山間部や農村部まで進出するように努力しているようだ。基本的に、彼らは、経営体を黒字にしようと努力するので、ま、コンビニと宅配便に分けて吸収していただいて、失業者をなるべく出さないように努力したらいいんじゃないかな。

郵便のほうは、もう、本当は宅配業でできるはずだ。あとは、銀行業務的なところだな。郵便局は宅配業と銀行業を兼《か》ねているけれども、銀行業のほうは、コンビニのほうで吸収可能なはずだ。だから、人員も一部、コンビニに引き取ってもらうように努力して、全体的に、郵政という株式会社そのものが要《い》らない方向に持っていったほうが、すっきりはするな。

3　国家のリーダーに期待すること

上に立つ者は手本を示せ

中家　ありがとうございます。私からは、もう一つ、「信仰《しんこう》と経営」ということについてお訊《き》きしたいと思います。

土光敏夫　ああ。

中家　土光先生は、ご生前、日蓮宗《にちれんしゅう》を熱心に信仰されていたと思います。信仰が、経営において、どのように役立つのか、あるいは、信仰という観点から見た、経営者のあるべき姿について、お教えいただきたいと思います。

土光敏夫　鳩山《はとやま》さんにもメザシを食ってもらうかどうかは、要検討だけれどもね。あとは、皇室の公式晩餐会《ばんさんかい》は、全部、フランス料理ときたもんだからねえ。フランス料理を年に百回やそこらは、いや、百五十回は出してるんじゃないかな。だから、本当に、上が示しをつけたければ、宮中晩餐会で、焼いたメザシを出せばいい（笑）。

それから、北米には、家畜《かちく》の餌《えさ》に使われている魚があったじゃないか、えー、なんだ、シシャモか？「メニューは、メザシかシシャモか、どちらかを選択《せんたく》してください」みたいにしてな。アッハッハッハッハ。そういうのを、宮中晩餐会や首相官邸《かんてい》での晩餐会で出してみせたら、冗費《じょうひ》、つまり無駄《むだ》な金を使っているところで、引き締めが始まるかもしらんけどな。

まあ、フランス料理を食っているうちは、フランス料理屋には悪いけれども、手本としては、もう一つだ。

あるいは、鴨《かも》料理を食べるなら、お堀端《ほりばた》に浮《う》いとる鴨を捕《つか》まえて、料理する（会場笑）。そうしたら、「頑張《がんば》っとるな」という感じがするから、国民にも、「食《しょく》糧《りょう》は自給自足でいこうか」という動きが起きるかもしらんな。みな、鶏《にわとり》ぐらい自分たちで飼って、絞《し》め殺して食べるとかするかもしらん。まあ、それも、ええかもしらんな。

お金がなくとも活動はできる

「宗教と経営」といっても、まあ、わしらの信仰は、基本的に、宗教としては、いわゆる原理主義に近いのかもしらんな。

宗教の祖師《そし》たちが生きた時代は、釈迦《しゃか》やキリストの時代から日蓮の時代まで、みな、貧しかったのでね。

今の宗教は、けっこう潤《うるお》っていて、なかなか結構なようであるけれども、祖師たちは、経済的には食うや食わずで伝道した人々が多かったからね。

お釈迦さんも、「三月《みつき》、馬麦《ばばく》を食らう」と言ってね、「夏安居《げあんご》の間、お布施《ふせ》をしてくださる約束だったのに、その約束を守らない在家の人がいて、結局、馬の餌を三月《みつき》食べて、雨期を食いつないだ」などという話があるぐらいだから、貧しいわな。

イエスにも、「麦の穂《ほ》を摘《つ》んだ」という話がある。

日蓮だって、貧しさにおいては、引けは取らんかっただろうな。でも、酒は好きだったみたいだ。まあ、身延山《みのぶさん》は寒いし、暖房《だんぼう》器具もないので、酒で体を温《あった》めとったんだから、ちょっと、許してやることにするか。酒は、リウマチの薬でもあっただろうからね。

だから、あなたがたは宗教だろうけれども、貧しいというか、お金がないことが、伝道できない理由にはならんぞ。これは、やっぱり、心掛《こころが》けたほうがいいよ。政治がお金で票を買っとるのをまねして、宗教がお金で票を買ったら、それなりの顰蹙《ひんしゅく》は買うかもしらん。

まあ、お金なんかなくとも、伝道はできるということだな。

その日の自分の体を養える程度のカロリーさえ確保できれば、あとは口一つあったら、伝道は可能なんだよ。お金を使わなくてもやれる。伝道も政治運動も、同じさ。お金がなくてもできるさ。

先ほど、「雨の日には、幸福実現党の傘《かさ》を貸せ」などと言う人もいたけれども、傘でなくたっていい。編《あ》み笠《がさ》でもいいんだよ（会場笑）。編み笠は、百円か二百円で売っとるんじゃないかあ？　四国遍路《へんろ》のあたりに行ったら、売ってるんじゃないかな。

編み笠と、南無妙法蓮華経《なむみょうほうれんげきょう》かなんか書いた装束があるじゃないか。なんだ、あれ。お遍路さんが身につけている服で、けっこう、あるじゃないか。

その、南無妙法蓮華経などと書いてあるところに、「幸福実現党」とか、「ユートピア実現」とか、「南無エル・カンターレ」とか書いて、それで町中を歩いたら、評判になるぞ。なあ。大してお金はかかりゃしないよ。それを制服にしてしまえばいいんだ。

お遍路さんの服を、職員の制服にしてしまって、そういう文字をしっかり刷り込《こ》んで、それで町中を歩き回ったら、十分、伝道兼《けん》政治活動ができるかもしらんな。

まあ、あまり、お金の問題にしないほうがいいし、どちらかと言うと、お金を使っていないように見えたほうが、国民の支持は取りやすいと、わしは思うけどな。

どうだろうか?

中家　ありがとうございました。

土光敏夫　わしは、メザシを食うとったから、ま、大川隆法総裁には、メダカでも食ってもらえよ。

中家　いえ、それは……。

土光敏夫　メダカを焼いて食ってるところを見せたら、「おお、かわいそうに」

って、みんなが思うかもしらんな。

中家　土光先生のご意見を参考にさせていただいて、幸福実現党を立派な政党に育ててまいりたいと思います。

土光敏夫　だけど、君、おたくの総裁は、少なくとも昼飯は、そばとうどんばっかり食ってるぞ。君らより悪いもん食っとるぞ。そのへんを知っとらなあ、いかんぜ。

中家　分かりました。

土光敏夫　まあ、ダイエットもあるのかもしらんけどな。

中家　はい。それでは、質問者を交替《こうたい》させていただきます。

土光敏夫　うん。

4 企業献金《きぎょうけんきん》は悪なのか

政党助成金だけで政治をやるなら、政党は〝役所〟になる

綾織　本日は、ご指導をいただく機会を賜《たまわ》り、まことにありがとうございます。

土光敏夫　うん、うん。

綾織　私は、幸福実現党で政調会を担当しております、綾織と申します。

私のほうからは、経団連の会長として最も尊敬を集めた土光先生に、まず、今

の財界についてのご意見を、お伺《うかが》いしたいと思います。

土光敏夫　うん。

綾織　先ほども、お話がありましたが、今、財界が率先して消費税の増税を言い始めています。また、中国との関係を穏便《おんびん》に済ませようとして、首相の靖国《やすくに》参拝をやめさせるような動きもしています。言ってみれば、国を背負う気概《きがい》を失っているように見受けられます。

そのような財界に対して、メッセージをいただければと思います。よろしくお願いいたします。

土光敏夫　まあ、そうだな、今の、事業仕分けで無駄金《むだがね》を削《けず》るという見せ物と、次の増税とは、おそらくはセットだろうと、わしは思うんだよ。「もう、削れるだけ削りました。これ以上は削れません」というところを見せて、増税をかけるつもりなんだろう。基本は、そうなんだろうと思う。

しかし、削れるだけ削ったように見せているが、「本当に要《い》らないものを、全部、削ったのかどうか」は、やはり、第三者が見なければいかんと思うね。

民主党は企業献金《きぎょうけんきん》があまりないところだから、税金だけで政党をやろうとしとるんだろ？　民主党は政党助成金がなかったら、ほとんど立ち行かない政党だよな。

一方、自民党のほうは、もともとは企業献金で、ある程度、回っていたところだ。

共産党は、「企業献金をびた一文《いちもん》もらわん」と言ったって、献金する企業はどこにもないので、それは、ものの言い方だけどさ（笑）。

だけど、「税金で政治をやる」っていうのも、もう一つ考えものかもしらんな。民主党みたいに、政党助成金だけで政治をやるとなると、政党はすべて公有のものになってしまうな。うーん。

構造的には、政党は、みな公有で、役所と同じになってしまう。「政党助成金だけで政治をやる」っていうのは、ある意味では、〝役所による政治〟と変わらないところもあるような気がするな。

で、君らも、あれだろ？　政党助成法にいう政党、要するに、政府から税金を交付されている政治団体ではないから、「いわゆる政党ではない」ということで、新聞やテレビで報じてくれないことに、去年から、苦しんでいるんだろ？　なんか、おかしいところはあるな。どうして政党は〝役所〟でなきゃいけないんだよ。

イギリスとかでは、もともとは無給で政治家をやっていたよな。貴族というのは、だいたい大地主で、別に収入があったので、政治は、名誉職《めいよしょく》として無給でやるようなものだったと思う。ボランティアであれば、利害が絡んでいないので、ある意味で、いい政治ができたところがあった。それが、政治で食っていかなきゃいけない人が出てきて、さらに、子分を養うために、政治献金をたくさん集めなきゃいけないようになってきた。

しかし、「こういう姿が、民主主義として本当に正しい姿なのかどうか」と考えると、やっぱり、一つ、問題はあるように思う。

政治は本来ボランティアでやるべきもの

まあ、政治献金の有無のところもな。

例えば、「政治献金を何億円かしたら、法人税率を何パーセントか下げてくれる」ということであれば、企業は大儲《おおもう》かりするからな。それは買収に当たるかもしらんけどもね。そういう、ひも付きの政治献金というのは、いちおう賄賂《わいろ》などに当たることになっているのだろう。

しかし、そういう意味での政治献金ではなく、経済的繁栄《はんえい》を目指すための政治献金は、税金を使わない政治をするために、ある程度、あってもいいんじゃないかと思う。個人献金と併《あわ》せてね。

「企業のほうが献金をしなくなる」ということは、ある意味で、「政治を見放した」ということでもあるし、政治のほうから見れば、要するに、「企業がいくら倒産《とうさん》しようと、痛くも痒《かゆ》くもない」ということにもなってくるわけだからね。そうすると、黒字企業が増えないだろう。

政治資金規正法が厳しいのは分かるけれども、宗教などに寄付をしたら、いちおう税控除《ぜいこうじょ》が働くように、企業も黒字を出して政治献金をしたら、一定の範囲《はんい》で税控除をしてもらえるようにしたほうがいいと思う。不正なものや、賄賂になるようなものでなければ、企業からの政治献金を認めて、政党活動が円滑《えんかつ》にいくようにすること自体は、悪いことではないと思うな。

税金で政治をやること自体が、むしろ、恥《は》ずかしいことだ。「全額税金で政治をやる」なんていうのは、とっても恥ずかしいことだと、わしは思う。

本当は、政治はボランティアでやらなければいけないものかと思うけどな。そういう意味で、政治家も、もう少し、宗教みたいにお布施《ふせ》をもらえるような立場にならなければいけないんじゃないかな。わしはそう思うし、そういう姿勢が、政治家を育てることにもなるんじゃないかと思うな。

あ、君、何の質問をしたんだ?

5　財界人も国士《こくし》の気概《きがい》を持て

綾織　「財界が政治を支える」という部分は非常に重要だと思いますが、中国でビジネスをするために、靖国《やすくに》問題については、中国に妥協《だきょう》するような意見を、財界は持っているようです。

土光敏夫　うーん。

綾織　また、消費税の税率を上げるなど、国民の税金負担を重くするような主張をしていますが、これは、財界としての責任感が、非常に薄《うす》くなってしまっているのではないかと思います。そのあたりについては、いかがでしょうか。

土光敏夫　ああ、そうだね。中国との関係では、政経分離《ぶんり》がなされている。中国に安く物をつくらせて、それを安く買いたい。ユニクロ型の経済かな？「安売り合戦をして、自分の会社が発展すればいい」っていうような考えだと、中国重視になる。

トヨタみたいなところだって、「中国人を金持ちにして、車を売りつけたい。トヨタ車を中国に走らせたい」っていう気持ちはあるだろうな。

そういう意味では、日中関係を悪くする首相だと困るということだ。それで、「安倍総理みたいなのは、ちょっと困る」と言って、足を引っ張ったところは、そうとう、あるな。

あなたがたも、「国防だとか言うと、日中関係が悪くなり、経済が悪くなるので、財界の支持を得られない。中国で働いている者たちが、商売できなくなる」などと心配しているかもしらんが、今、ユニクロ型企業《きぎょう》モデルが、日本のマインドを決めるようになっとるのかもしらんな。

わしなんかは、石川島とか、東芝《とうしば》とかで重いものをつくっていた、まあ、基幹産業的なものをやっていた者だから、ちょっと、発想は違《ちが》うかもしらんけどな。

そうだなあ、靖国問題ねえ。

まあ、でも、日中平和のシンボルで、パンダを中国からもらって、上野動物園で飼っていたぐらいだから、今度は、靖国神社に孔子《こうし》像を祀《まつ》ったら、いいんじゃないか。「孔子の参拝に行くついでに、戦没者《せんぼつしゃ》の慰霊《いれい》もしてしまう」みたいな感じだ。

日中平和のシンボルで、孔子像を祀る。孔子像だけで足りなかったら、道教のほうからも、なんか引っ張ってきて、ついでに祀っといたらいい。「中国文化を非常に尊敬しとります」というふうな感じで、ちょっとは、やってもいいんじゃないか。

靖国神社の入り口に、中国産の動物のパンダとか、竜《りゅう》とか、シーサーというのは琉球《りゅうきゅう》か、まあ、何でもいいが、ちょっと、中国風のものも、いろいろと祀って、いわゆるリフォームをしたほうがいいんじゃないかね。

そうしたら、日本神道色が薄まり、中国に対して、一定の評価をしているように、外見を見せることができる。それで、供養のほうは、室内できちんとやったらいいんだよ。

なかに入らなければ分からないように室内でやって、外側は、日中友好のシンボルを掲《かか》げ、首相が、いかにも日中友好のために行《い》っているように見えれば、まあ、それでいいんじゃないか。

「日中の経済を悪くするから」と言うけど、でも、今、あれだろ？　中国の軍隊がまた挑発《ちょうはつ》し始めているんだろ？

経済のほうが、金儲《かねもう》けのために、「国を売る」みたいな感じになっているのは、まずいぜ。中国の艦艇《かんてい》が日本近海に現れたり、中国のヘリコプターが自衛艦に接近したり、いろいろしているそうじゃないか。その上、経済のほうも握《にぎ》られたら、何も言えなくなる可能性があるな。

アメリカは、その気《け》があるんだろ？　国債《こくさい》を握られているので、「やられるぞ」という恐怖心《きょうふしん》があるんだろうけれどもね。

まあ、そうだね、あとは、中国からの旅行者とか観光客あたりを、もう一段、〝日本漬《づ》け〟にしてしまうことも考えないといかんな。日本に来た瞬間《しゅんかん》をとらえて、〝洗脳〟してしまう技術を何か開発できないかね。

例えば、いったん日本に来たら、幸福の科学に入信してしまうようなシステムとかね。成田を越《こ》えたら、もう〝終わり〟で（会場笑）、正心宝《しょうしんほう》（幸福の科学の宝具《ほうぐ》）を下げて帰っていくようなシステムをつくってしまえば、中国人民であって、中国人民ではなくなってしまうよな。ま、財界には、向こうへの気兼《きが》ねがあるから、宗教のほうでできることを、何か、考えたほうがいいかもしらんな。

「財界が情けない」というところは、あるとは思うけど、政治のほうが、財界の発展を、そんなに応援《おうえん》してくれないようになっているからな。

あと、財界人自身も、気骨《きこつ》がないんだよ。「この国を背負って立つ」という国士《こくし》の気概《きがい》が、なさすぎるのではないかな。

ユニクロ的なものの成功を、あまりに宣伝しすぎているんじゃないか。やっぱり、日本国産のものを、もっともっと大事にして、宣伝していく力が必要だと思う。うん。

6　過去世《かこぜ》での仏縁《ぶつえん》について

綾織　ありがとうございます。こうしてお話を伺《うかが》っておりますと、土光先生は、仏縁《ぶつえん》のあった方ではないかと感じます。最後に手短で結構ですので、過去世《かこぜ》でのご活躍《かつやく》等をお教えいただければ幸いです。

土光敏夫　まあ、仏縁というほどのものかは知らんけれども……。
そうだねえ、日蓮宗《にちれんしゅう》からすると、ちょっと邪道《じゃどう》になるんだが、まあ、わし自身は、中国で禅僧《ぜんそう》をやったこともある。野菜をつくりながら、禅僧をやっとったよ。僧院で、野菜をつくって、自給自足をしながら、禅僧をやったこともある。

その前は西域《せいいき》かな。シルクロードが延びているところだな。亀茲国《きじこく》だ。亀茲国のあたりで、仏教を弘《ひろ》めるために、訳僧《やくそう》の一人として、経典を翻訳《ほんやく》したこともある。

お釈迦様の時代は、まあ、在家信者として、ささやかな寄進《きしん》というか、一部、活躍もした。何と言うかな、大したものではないが、今で言えば、萱《かや》で葺《ふ》いた小屋みたいなものだけど、お坊さんの宿所、宿舎みたいなものを寄進したことはあるよ。うん。そういう仏縁はあるな。

綾織　ありがとうございます。土光先生の精神を受け継《つ》ぎ、努力・精進してまいります。

土光敏夫　うん。

大川隆法　はい、どうもありがとうございました。

あとがき

まずは「増税より失業対策だ」と思う。思想の力は大きい。発想のスケールが国家の命運《めいうん》を決める。

現代日本にも、きっと、高橋是清や田中角栄、土光敏夫のようなスケールの大きな人物は、かくれているにちがいない。そういう人材を発掘《はっくつ》して、ひのき舞台に立たせるのが、真の民主主義ではなかろうか。そしてマスコミの使命ではなかろうか。今のマスコミにも「反省からの発展」の思想を学ぶ必要がある。

宗教が国難に対して真っ向から立ち向かっていく姿を、正当に評価してほしい。そして間違った政策や政治信条の持ち主を応援するのはもうやめていただきたいのだ。これから来る「マスコミ不況」を救えるのも、『幸福実現党』しかないのだから。

二〇一〇年　五月二十五日

幸福《こうふく》の科学《かがく》グループ創始者兼総裁《そうししゃけんそうさい》　大川隆法《おおかわりゅうほう》

『景気回復法』大川隆法著作関連書籍

『民主党亡国論』（幸福の科学出版刊）

景気回復法《けいきかいふくほう》――公開霊言　高橋是清・田中角栄・土光敏夫――

2010年6月11日　初版第1刷

著　者　　大《おお》川《かわ》隆《りゅう》法《ほう》

発行所　　幸福の科学出版株式会社
〒142-0041 東京都品川区戸越1丁目6番7号
TEL(03)6384-3777
http://www.irhpress.co.jp/

印刷・製本　株式会社 堀内印刷所

落丁・乱丁本はおとりかえいたします

ISBN978-4-86395-048-1 C0030
Photo: ©Kim D. French-Fotolia.com, ©Bettmann/CORBIS/amanaimages,
アフロ, Fujifotos/ アフロ

富国創造論

公開霊言 二宮尊徳・渋沢栄一・上杉鷹山

資本主義の精神を発揮し、近代日本を繁栄に導いた経済的偉人が集う。日本経済を立て直し、豊かさをもたらす叡智の数々。

第１章　資本主義の精神で日本を再興せよ　<二宮尊徳>
年金制度改革の方向性／地方を振興させる秘策とは／新産業創出のためのヒント　ほか

第２章　大きな発想で新産業をつくれ　<渋沢栄一>
日本経済を立て直すための指針
地球規模の繁栄を目指すために　ほか

第３章　財政再建のためのアイデア　<上杉鷹山>
民主党政権を、どのように見ているか
中国経済への警告／行政改革と公務員のあり方　ほか

1,500円

マルクス・毛沢東のスピリチュアル・メッセージ

衝撃の真実

共産主義の創唱者マルクスと中国の指導者毛沢東。思想界の巨人としても世界に影響を与えた、彼らの死後の真価を問う。

第１章　死後のマルクスを霊査する
マルクスは今、どんな世界にいるのか
マルクス思想の「三つの問題点」を検証する　ほか

第２章　毛沢東が語る「大中華帝国」構想
革命運動の奥にあった真の目的とは／中国はアジアの覇権国家を目指している／日本の外交は、どう見えているか　ほか

1,500円

※表示価格は本体価格（税別）です。

大川隆法ベストセラーズ・霊言シリーズ

マッカーサー 戦後65年目の証言

マッカーサー・吉田茂・山本五十六・鳩山一郎の霊言

GHQ最高司令官・マッカーサーの霊によって、占領政策の真なる目的が明かされる。日本の大物政治家、連合艦隊司令長官の霊言も収録。

1,200円

日米安保クライシス

丸山眞男 vs. 岸信介

「60年安保」を闘った、政治学者・丸山眞男と元首相・岸信介による霊言対決。二人の死後の行方に審判がくだる。

1,200円

民主党亡国論

金丸信・大久保利通・チャーチルの霊言

三人の大物政治家の霊が、現・与党を厳しく批判する。危機意識の不足する、マスコミや国民に目覚めを与える一書。

1,200円

大川隆法ベストセラーズ・霊言シリーズ

福沢諭吉霊言による「新・学問のすすめ」

現代教育界の堕落を根本から批判し、「教育」の持つ意義を訴える。さらに、未来産業発展のための新たな理念を提示する。

1,300円

勝海舟の一刀両断！

霊言問答・リーダー論から外交戦略まで

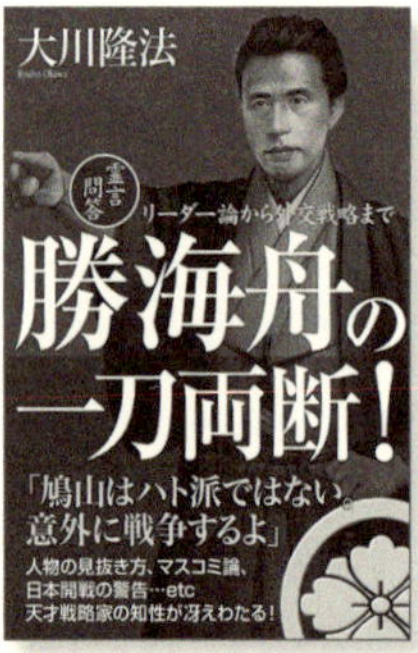

幕末にあって時代を見通した勝海舟が甦り、今の政治・外交を斬る。厳しい批評のなかに、未来を切り拓く知性がきらめく。

1,400円

西郷隆盛 日本人への警告

この国の未来を憂う

西郷隆盛の憂国の情、英雄待望の思いが胸を打つ。日本を襲う経済・国防上の危機を明示し、この国を救う気概を問う。

1,200円

※表示価格は本体価格（税別）です。

大川隆法ベストセラーズ・霊言シリーズ

一喝！ 吉田松陰の霊言

21世紀の志士たちへ

明治維新の原動力となった情熱、気迫、激誠の姿がここに！ 指導者の心構えを説くとともに、日本を沈めつつある現政権を一喝する。

1,200円

龍馬降臨

幸福実現党・応援団長 龍馬が語る「日本再生ビジョン」

坂本龍馬の180分ロングインタビュー（霊言）を公開で緊急収録！ 国難を救い、日本を再生させるための戦略を熱く語る。

1,300円

松下幸之助 日本を叱る

天上界からの緊急メッセージ

天上界の松下幸之助が語る「日本再生の秘策」。国難によって沈みゆく現代日本を、政治、経済、経営面から救う待望の書。

1,300円

幸福の科学出版

大川隆法ベストセラーズ・神秘の扉を開く

世界紛争の真実

ミカエルvs.ムハンマド

米国(キリスト教)を援護するミカエルと、イスラム教開祖ムハンマドの霊言が、両文明衝突の真相を明かす。宗教の対立を乗り越えるための必読の書。

1,400円

エクソシスト入門

実録・悪魔との対話

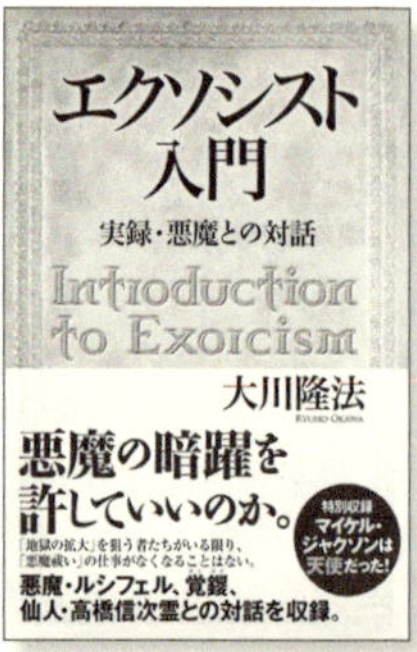

悪霊を撃退するための心構えが説かれた悪魔祓《ばら》い入門書。宗教がなぜ必要なのか、その答えがここにある。

1,400円

「宇宙の法」入門

宇宙人とＵＦＯの真実

あの世で、宇宙にかかわる仕事をされている６人の霊人が語る、驚愕の事実。宇宙人の真実の姿、そして、宇宙から見た「地球の使命」が明かされる。

1,200円

※表示価格は本体価格(税別)です。

大川隆法ベストセラーズ・新しい国づくりのために

宗教立国の精神

この国に精神的主柱を

なぜ国家には宗教が必要なのか？ 政教分離をどう考えるべきか？ 国民の疑問に答えつつ、宗教が政治活動に進出するにあたっての決意を表明する。

2,000円

危機に立つ日本

国難打破から未来創造へ

2009年「政権交代」が及ぼす国難の正体と、現政権の根本にある思想的な誤りを克明に描き出す。未来のための警鐘を鳴らし、希望への道筋を掲げた一書。

1,400円

創造の法

常識を破壊し、新時代を拓く

斬新なアイデアを得る秘訣、究極のインスピレーション獲得法など、仕事や人生の付加価値を高める実践法が満載。業績不振、不況など難局を打開するヒントがここに。

1,800円